Redes de ordenadores y ciberseguridad

Una guía sobre los sistemas de comunicación, las conexiones a Internet, la seguridad de las redes, protección contra el hackeo y las amenazas de ciberseguridad

Índice

Primer Parte: Redes Informáticas

Una Guía Compacta para el principiante que Desea Entender los Sistemas de Comunicaciones, la Seguridad de las Redes, Conexiones de Internet, Ciberseguridad y Piratería

REDES INFORMÁTICAS

Una Guía Compacta para el principiante
que Desea Entender los Sistemas
de Comunicaciones, la Seguridad de las Redes,
Conexiones de Internet, Ciberseguridad y Piratería

QUINN KISER

Introducción

Este libro es una mezcla de varios temas informáticos que son relevantes y muy populares en la actualidad. A lo largo de su lectura, usted podrá explorar cada sección con terminologías y analogías fáciles de entender. La guía comienza con una visión descriptiva y completa de las redes informáticas y, luego, se ramifica para cubrir otros temas, como la seguridad de la red, el diseño de la red y la piratería. El desarrollo de su contenido está diseñado específicamente para:

- Adecuarse a las necesidades de entretenimiento del lector.

- Ofrecer una visión profunda sobre las conexiones informáticas en nuestros días.

- Proveer información completa, pero concisa.

Una vez finalizada la parte de redes informáticas, el lector avanzará hacia los otros temas de esta guía todo en uno. En la sección final, se describe de una forma detallada el proceso de "la cadena de la muerte" en la piratería. Este tema no solo es interesante, sino también útil y se refiere a los métodos que emplean los piratas informáticos para penetrar en los diferentes sistemas y redes. ¿Preparado para comenzar? Entonces, abróchese el cinturón de seguridad y disfrute del viaje.

Capítulo 1: Fundamentos Básicos de las Redes Informáticas

En este capítulo, analizaremos los fundamentos y los conceptos básicos de las conexiones informáticas. Al hacerlo, esencialmente vamos a establecer una base conceptual para el lector. Esto ayudará a aumentar la comprensión de los conceptos discutidos más adelante y de algunos detalles técnicos de las redes informáticas.

Por lo tanto, este capítulo se enfocará principalmente en aclarar los detalles básicos de las redes informáticas para, más tarde, avanzar de manera constante sobre el conocimiento adquirido.

Para empezar, vamos a ver una breve introducción de lo que realmente son las conexiones informáticas. Luego profundizaremos en los detalles, consolidando la comprensión de los conceptos que el lector habrá aprendido con anterioridad.

¿Qué son las Redes Informáticas en la Actualidad?

La palabra "redes" describe una conexión o un conjunto de conexiones entre varios objetos. De manera similar, "redes informáticas" se refiere a la interconexión de dos o más ordenadores para permitir compartir recursos. Se puede establecer una red de ordenadores en una variedad de entornos, como hogares, oficinas o incluso en grandes organizaciones comerciales. Las redes informáticas se extienden incluso al ámbito internacional, donde los ordenadores están conectados a través de Internet. Un ejemplo más sutil y fácil de observar de redes informáticas es una impresora o un escáner conectado (mediante cable o inalámbrico) al ordenador personal del usuario.

Dado que el propósito fundamental de las redes informáticas es interconectar diferentes PC, surge una pregunta interesante; ¿por qué necesitamos estas redes, en primer término?

La respuesta es bien simple. Si una persona quiere ver una película, un video o incluso un programa de entrevistas, puede hacerlo de dos maneras.

- Haciendo uso de un dispositivo de almacenamiento físico que albergue el contenido y sea visible en su ordenador, o simplemente accediendo a Internet y entrando al sitio web donde puede encontrar el contenido y verlo directamente desde allí.

- El último enfoque implica redes informáticas. Permite al espectador conectarse a un servidor informático remoto que es el anfitrión del sitio web, lo que permite al visitante utilizar sus recursos para ver su contenido favorito. Este es solo un ejemplo simple de cómo las redes informáticas pueden beneficiar a cualquier usuario.

El fenómeno de Internet es una consecuencia de las redes informáticas y, todos sabemos lo que es pasar unos días sin Internet. Si bien hemos hablado de lo importante que son estas conexiones para cualquier persona al azar, se vuelve aún más importante y crucial para las grandes organizaciones e instituciones como hospitales, empresas comerciales, instituciones legales, etc. Estas organizaciones dependen de las redes informáticas para:

● Establecer de manera eficiente un canal de información, a través del cual toda la organización pueda intercambiar los datos que se recopilan y modifican. Las conexiones informáticas tienen una gran influencia, no solo en el sector profesional, sino también en el sector empresarial porque, sin una infraestructura de red adecuada, la industria respectiva, esencialmente, colapsaría.

Por lo tanto, para comprender la importancia y la función básica de las redes informáticas, tenga en cuenta que estas conexiones son la base misma de Internet.

Transferir datos de un lugar a otro es el propósito de la creación de redes. Otra cosa importante, que debemos saber sobre cualquier conexión, es cuántos datos puede transportar de un lugar a otro. Esta capacidad para transportar datos se llama ancho de banda. Si una conexión tiene un ancho de banda de mayor capacidad, puede transportar más datos dentro de un intervalo de tiempo específico.

La velocidad a la que una red puede transferir datos se mide en bits por segundo, que se abrevian como "Bps". Bps significa cuántos bits puede transportar un ancho de banda por segundo. En nuestros días, la tecnología informática y las redes han avanzado mucho; esta capacidad de ancho de banda ahora se mide en múltiplos de miles. Las diferentes medidas de velocidad de transferencia de datos son:

- Kilobytes - miles de bits por segundo (Kbps)

- Megabytes - millones de bits por segundo, o miles de Kilobytes por segundo (Mbps)

- Gigabytes - billones de bits por segundo, o miles de Megabits por segundo (Gbps)

Una medida estrechamente relacionada, que también verá en las redes informáticas, es "hercios"; es el número de ciclos que se transportan por segundo (de la misma manera que "hercios" expresa el número de ciclos por segundo en una señal de corriente alterna). Hercios se abrevia como "Hz" y se utiliza para medir la velocidad computacional de un procesador. Esta medida se toma en múltiplos de miles y:

- Mil Hercios se conocen como un kilohercio (kHz)

- Un millón de Hercios se conocen como un Megahercio (MHz)

- Un billón de Hercios se conocen como Gigahercio (GHz)

Por ejemplo, un procesador que funciona a 100 MHz, significa 100 millones de ciclos por segundo. Hz y bps son esencialmente la misma medida, pero se usan para diferentes elementos. Sin embargo, a veces pueden confundirse. Por ejemplo, decir que un cable Ethernet admite un ancho de banda de 10 MHz, en lugar de 10 Mbps, es bastante común y está aceptado.

Capítulo 2: Los Servicios de Redes Informáticas Explicados

En esta sección, analizaremos varios protocolos de red que se basan en el protocolo TCP / IP, o lo utilizan.

Los protocolos que discutiremos se enumeran a continuación.

1. DNS
2. DHCP
3. HTTP
4. FTP
5. NNTP
6. SMTP

Haremos numerosas referencias a los niveles en los que operan estos protocolos, en términos del modelo de red de Interconexión de Sistemas Abiertos, o "OSI". El modelo OSI define la mayoría de los métodos y protocolos a través de los cuales los ordenadores se conectan y se comunican entre sí en una red. Es una visualización abstracta, pero útil; la comprensión del modelo de redes OSI creará una base sólida para el diseño de redes y la ingeniería de soluciones de redes.

El capítulo seis trata detalladamente este tema, pero, por el momento, como referencia entre aquí y allá, mostraremos un esquema básico del modelo OSI.

El modelo se divide en siete capas distintas y separadas. Cada capa posee un rasgo conocido como "dependencia sucesiva". Esto significa que las capas sucesivamente superiores en el modelo dependen, en gran medida, de los servicios y características de las capas inferiores que las preceden.

Considere un sistema de ordenador de escritorio estándar. Está formado por varios componentes que deben trabajar juntos para que el sistema sea funcional. Si dividimos este sistema en las capas del modelo de red OSI, los componentes de *hardware* de este ordenador serían la "capa más baja". La siguiente capa, por encima de la capa de *hardware*, de este ordenador sería el sistema operativo y sus controladores.

Evidentemente, el sistema operativo y los controladores serían inútiles sin el *hardware* correspondiente. Por lo tanto, esta capa superior depende de la capa inferior anterior para realizar su función correctamente. Esta visualización de jerarquías sucesivas continúa hacia arriba hasta la capa final, donde una aplicación muestra datos útiles y digeribles para el usuario.

Las siete capas del modelo de red OSI son:

1. **Capa Física** – La capa física especifica el cable de red, el enrutador, la Caja DSU/CSU y los demás medios físicos involucrados.

2. **Capa de Vínculo de Datos** – La capa de vínculo de datos del modelo OSI enlaza la conexión entre la tercera capa (capa de red) y la primera (capa física), definiendo e implementando un protocolo mediante el cual, la capa de red transmite sus datos a la capa física.

3. Capa de Red – El trabajo principal de la capa de red es definir la ruta a través de la cual los paquetes de datos viajarán de un nodo a otro. Para este propósito, la capa de transporte oculta las características de las capas inferiores desde las capas superiores en el modelo OSI.

4. Capa de Transporte – La capa de transporte permite el intercambio de información entre el resto de capas.

5. Capa de Sesión – Mediante esta capa, el modelo OSI define la conexión entre dos ordenadores como una conexión cliente-servidor o una conexión peer-t0-peer. El término "sesión" se utiliza para describir esta conexión de red virtual entre ordenadores.

6. Capa de Presentación – La capa de presentación realiza la compresión/descompresión de datos, así como el cifrado/descifrado.

7. Capa de Aplicación – La principal ocupación de la capa de aplicación es controlar y mediar la interacción de la red con el sistema operativo y las aplicaciones instaladas en este sistema operativo. Básicamente define cómo las aplicaciones manejan las comunicaciones en las que se involucra el sistema cuando se conecta a una red.

Si analizamos la naturaleza de las capas del modelo OSI en una red, vemos que su interacción tiene origen en los elementos físicos, es decir, los enrutadores, cables de red, etc. A partir de ahí, las capas se mueven hacia la comunicación con elementos del sistema, es decir, avanzan hacia aspectos inteligentes de la red. A continuación, el enfoque del modelo OSI en los aspectos virtuales de la red se desplaza hacia la participación de la propia máquina dentro de la red, lo cual se hace evidente en las dos últimas capas (capas de presentación y aplicación).

Un buen conocimiento de esta técnica permite a los ingenieros de redes analizarlas de una manera más detallada y completa.

Sistema de Nombre de Dominio (DNS)

El sistema de nombres de dominio se desarrolló para resolver el problema inherente de realizar un seguimiento de las direcciones IP de los sitios web en Internet. Por ejemplo, digamos que desea visitar Google. Si el servidor que aloja los recursos de Google solo tuviera una dirección IP, entonces tendría que escribir http://209.85.171.100 para acceder a él. Si todas las direcciones de los dispositivos en Internet tuvieran el mismo esquema de direccionamiento, sería muy difícil realizarles un seguimiento.

Aquí es donde entra el DNS. Al usar este sistema, las personas pueden registrar un nombre para su dominio en ICANN. Este nombre registrado accederá a esa dirección IP en Internet. Estas son algunas de las extensiones de dominio más comunes:

- **.edu** (usado por instituciones educacionales)

- **.gov** (usado por instituciones gubernamentales)

- **.mil** (usado por instituciones militares)

- **.net** (usado por entidades relacionadas con Internet)

- **.org** (usado por organizaciones sin ánimo de lucro)

- **.xx** (usado por países. La "xx" se reemplaza por las iniciales del país respectivo. Por ejemplo, para los Estados Unidos de América: ".us")

Una vez que una entidad ha adquirido un nombre de dominio, puede agregar descriptores a dicho nombre. Por ejemplo, para el dominio **dirbs.gov**, la entidad gubernamental podría agregar **pta.dirbs.gov**.

Los nombres de los dominios se resuelven en sus respectivas direcciones IP mediante el uso de servidores DNS o "servidores de nombres de dominio". Estos servidores realizan una consulta de base de datos para un nombre de dominio ingresado por el usuario.

Luego, el servidor devuelve la dirección real del dominio al navegador web del usuario.

Protocolo de Configuración de Huésped Dinámico (DHCP)

El protocolo DHCP se desarrolló para facilitar a los administradores de una red la asignación de direcciones TCP/IP a los nodos de una manera sencilla. Este protocolo se utilizó en una época en la que los administradores resolvían la dirección de un nodo en una dirección TCP/IP y la colocaban en un archivo de texto o incluso en un cuadro de diálogo.

Los servicios proporcionados por el protocolo DHCP son esencialmente ejecutados por servidores conocidos como servidores DHCP. Estos servidores controlan un "alcance", que es una matriz de direcciones IP. Cuando un nodo se conecta a una red, solicita al servidor DHCP que le asigne una dirección. Estas direcciones son válidas por un período limitado y caducan después del límite de tiempo asignado; luego quedan disponibles para que otro nodo las utilice. Este período se conoce como "período de arrendamiento" y lo establecen los administradores de la red.

El uso principal del protocolo DHCP es apoyar las necesidades de conectividad de las estaciones de trabajo de los clientes. No se recomienda el uso de DHCP para los nodos responsables de los servicios de red, ya que cualquier cambio en la dirección TCP/IP anulará la conexión al servicio.

Protocolo de Transferencia de Hipertexto (HTTP)

Toda la Internet (llamada World Wide Web) es una colección de documentos creados usando un lenguaje de formato conocido como 'HTML' o 'Lenguaje de marcado de hipertexto'. Los hipertextos en Internet suelen consistir en:

- Textos mostrados

- Imágenes gráficas

- Comandos de formato

- Hipervínculos (al pulsar sobre ellos, el usuario es dirigido directamente hacia otro documento en Internet)

Se suele acceder a los documentos HTML mediante navegadores web como Google, Chrome y Safari.

El Protocolo de transferencia de hipertexto es lo que controla la transferencia de datos entre el cliente y el servidor web. Este protocolo opera en la capa de aplicación del modelo OSI. El protocolo HTTP hace uso de otros protocolos de Internet y DNS para establecer una conexión entre el cliente web y el servidor web. El protocolo HTTP en sí mismo es inseguro porque la transferencia de datos se realiza sin cifrado y puede ser interceptado. Para resolver este problema de seguridad, ahora usamos "HTTP seguro", comúnmente conocido como HTTPS, y SSL (Secure Socket Layers).

Protocolo de Transferencia de Archivos (FTP)

La palabra FTP se refiere tanto al 'Protocolo de transferencia de archivos' como al 'Programa de transferencia de archivos', los cuales están relacionados entre sí, en el sentido de que este último es una aplicación que hace uso del protocolo FTP. Sin embargo, en esta sección, únicamente discutiremos el protocolo FTP.

FTP funciona en la capa de aplicación en el modelo OSI y define el método por el cual se envían y reciben los datos de archivo entre el cliente FTP y el servidor FTP. Los datos transferidos pueden estar basados en texto o en binario y no hay límite en el tamaño de archivo que FTP puede procesar.

Para realizar una transferencia de archivos, el usuario primero debe conectarse al servidor FTP e iniciar sesión con un nombre de usuario y contraseña válidos. Algunos sitios permiten a los usuarios ingresar el nombre de usuario 'anónimo' con su dirección de correo electrónico como contraseña. Esto se conoce como "FTP anónimo".

Protocolo de Transferencia de Noticias en Red (NNTP)

Este protocolo se utiliza específicamente para Usenet. Usenet es un término que se refiere a grupos de discusión en Internet. Estos grupos cubren una gran variedad de temas y, en este momento, hay más de diez mil grupos de Usenet en Internet. Las conversaciones de un grupo se envían a los servidores de Usenet, para, más tarde, transferirse a los otros servidores de Usenet internacionales por eco.

Algunas clasificaciones de grupos de Usenet son:

- **Alt:** Grupo de Usenet que se enfoca en temas sobre estilos de vida alternativos y problemas diversos.

- **Comp:** Grupo de Usenet enfocado en temas de informática.

- **Gov:** Grupo de Usenet enfocado en temas relacionados con los gobiernos.

- **Rec:** enfocado en actividades recreativas.

- **Sci:** enfocado en debates científicos.

Los grupos de Usenet no son todos públicos. Los grupos que son públicos reciben las noticias de otros servidores de Usenet, pero los privados suelen ser alojados por alguna organización o institución. Los grupos privados de Usenet requieren que los usuarios se identifiquen con nombres de usuario y contraseñas adecuados.

El fenómeno de Usenet solo es posible gracias al protocolo NNTP. Este protocolo establece una conexión entre el servidor de Usenet y el lector. El protocolo también maneja el formato de mensajes, lo que hace posible que los mensajes se basen en texto o lleven adjuntos binarios. Los mensajes con archivos adjuntos binarios se codifican mediante MIME o Codificación multipropósito de mensajes de Internet (el mismo codificador que se usa para los archivos adjuntos de correo electrónico).

Protocolo Simple de Transferencia de Correo (SMTP)

El Protocolo simple de transferencia de correo gestiona el envío y la recepción de correos electrónicos, de un servidor de correo electrónico a otro. El protocolo SMTP es, simplemente, una forma de comunicarse con los sistemas de envío y recepción de los servidores de correo electrónico.

Este protocolo entra en juego cuando el sistema que envía el mensaje de correo electrónico se conecta al sistema receptor a través del puerto 25. Una vez que se ha establecido la conexión entre los dos sistemas, el remitente transmite un comando 'HELO', junto con su dirección respectiva, hacia el sistema receptor. Una vez que se ha reconocido este comando y el receptor responde con su propia dirección, se inicia la comunicación. El remitente puede entonces emitir un comando indicando que quiere enviar un mensaje, especificando el destinatario deseado del mensaje. Una vez que el sistema receptor recibe esta solicitud, busca al destinatario. Si el sistema conoce al destinatario, se reconoce la solicitud y se reenvía el mensaje, junto con los archivos adjuntos. Una vez que el sistema de recepción confirma que se ha recibido todo el mensaje, finaliza la conexión.

Seguridad en la Red con uso de Firewalls (Cortafuegos)

Seguro que la mayoría de lectores de esta guía se habrán encontrado con el indicador del firewall de Windows alguna vez. Pues bien, esta aplicación de firewall que se ejecuta en su ordenador es lo que mantiene las políticas de seguridad de la red. Los firewalls son dispositivos de hardware que protegen una red, obligándola a cumplir las políticas de seguridad. En la mayoría de las redes, el cortafuegos se instala en el enrutador mismo, aprovechando su chip de microprocesamiento y la memoria incorporada. Esto es válido para redes diseñadas e instaladas en oficinas pequeñas o escenarios similares. Sin embargo, para redes grandes, el equipo de red incluye hardware especializado para el firewall. Dicho hardware puede ser una sola unidad o varias piezas.

Normalmente, se designa un ordenador separado que ejecuta el software de firewall para la red. De lo contrario, podemos encontrar un dispositivo de firewall con un chip de ordenador dentro. Generalmente, un firewall actúa como un puesto de avanzada ubicado entre una LAN e Internet. En cuanto a los firewalls disponibles, existen principalmente dos tipos:

1. **Firewall Basado en la Red:** Este firewall opera en la tercera capa, también conocida como capa de enlace de datos, del modelo de red OSI. La técnica de seguridad utilizada por un firewall basado en la red es principalmente el "filtrado de paquetes". Con esta técnica, el firewall se programa con un conjunto de reglas bien definidas. Siempre que un paquete de datos viaja entre dos redes, el firewall analiza y compara este paquete con las reglas y luego decide si se debe permitir que el paquete entre o salga de la red o no. El permiso o denegación de paso, de acuerdo con las reglas de filtrado para los paquetes de datos, generalmente se basa en su dirección de destino, dirección de origen o el puerto TCP / IP.

2. **Firewall Basado en Aplicaciones:** Este cortafuegos cumple la función de proxy. La palabra "proxy", en este contexto, significa que el firewall representa la sesión interactiva del usuario con el servidor cuyos servicios se solicitan. Un firewall basado en aplicaciones no permite que el tráfico de datos pase directamente a través de las dos redes. En cambio, la comunicación entre las dos redes se regulará por el firewall, como un proxy. Por esta razón, un firewall basado en aplicaciones también se conoce como 'firewall proxy'. La técnica utilizada por un firewall proxy es 'NAT', también conocida como 'Traducción de direcciones de red'. En esta técnica, la idea principal es ocultar las direcciones de la red interna para que no sean directamente visibles para la red externa. En un modelo basado en aplicaciones, el cortafuegos es responsable de la transmisión de datos a las direcciones de red para las que se establecen las conexiones.

Capítulo 3: Introducción a los Fundamentos del Hardware de Redes de las Relaciones Informáticas

El término 'relaciones informáticas' se refiere a cómo un ordenador interactúa con otro, mientras están conectados a una red. En general, existen dos tipos de relaciones informáticas.

1. **De igual a igual**

2. **Cliente/servidor**

Estos dos tipos de relaciones son las que definen la estructura lógica de una red. Para que pueda comprenderlas mejor, le proponemos que haga una analogía con las diferentes filosofías de gestión.

Una red de igual a igual o "P2P" (peer to peer) es muy parecida a una filosofía de gestión descentralizada en la que las decisiones se toman localmente y los recursos se gestionan de acuerdo con lo que los usuarios deben hacer primero.

Una red cliente/servidor, por el contrario, es casi como una empresa que utiliza una gestión centralizada donde las decisiones se toman en una ubicación central dentro de un grupo cerrado. Existen circunstancias en las que ambas, las relaciones P2P y cliente/servidor son apropiadas, y muchas redes incorporan ambas en su configuración.

Tanto las redes P2P como las de cliente/servidor necesitan que ciertas capas en el modelo OSI sean comunes, así como una conexión de red física entre los ordenadores que se comunican utilizando los mismos protocolos de red. En lo que se refiere a esto, los dos tipos de relaciones informáticas son prácticamente iguales. Sin embargo, la principal diferencia surge cuando se trata de distribuir los recursos de red compartidos entre todos los equipos de la red o utilizar los servidores de red centralizados.

Hardware Básico de una Red

Para reforzar y consolidar las ideas que estamos explorando en esta sección, se hace necesario ahondar más en los componentes físicos del hardware de una red informática. Hasta ahora, nos hemos centrado más en cómo funciona e interactúa la red en el nivel virtual. Sin embargo, al comprender el comportamiento de la red en su ámbito virtual, ahora estamos preparados para comprender el hardware o nivel físico.

Comprender el aspecto físico de las redes informáticas nos proporciona el conocimiento adecuado mediante el cual, no solo podemos configurar una red informática correctamente, sino también solucionar problemas y mantenerla.

En esta sección profundizaremos en los siguientes elementos del hardware, cada uno de los cuales es un componente central de la red:

1. Servidores

2. Hubs (Concentradores)

3. Routers

4. Switches (Conmutadores)

5. Cables y cableado estructurado

6. Estaciones de trabajo

En las secciones finales de este capítulo, analizaremos los citados componentes del hardware dentro del contexto de dirigir el tráfico de red, centrándonos en comprender estos componentes y sus propósitos.

Servidores

Un servidor es un ordenador al que se le asigna un trabajo muy importante y exigente en el entorno de las redes informáticas. En pocas palabras, un ordenador servidor es el componente que maneja todas las solicitudes de red y otras funciones de los ordenadores conectados. Según las funciones de red, un servidor se puede clasificar en estas diferentes categorías:

• **Servidores de Archivos e Impresión:** Esta categoría incluye aquellos servidores que brindan servicios de intercambio de archivos a otros ordenadores y procesan solicitudes de impresoras basadas en red.

• **Servidores de Aplicaciones:** Son servidores que, esencialmente, brindan servicios de aplicaciones de red específicos a programas y software. Por ejemplo, un servidor que ejecuta una base de datos puede proporcionar (bajo demanda) acceso a dicha base de datos a una aplicación conectada a este servidor.

• **Servidores de E-mail:** Servidores diseñados principalmente para almacenar correos electrónicos y proporcionar servicios de interconexión a los clientes correspondientes.

• **Servidores de Red**: Esta categoría de servidores ofrece una variedad de servicios relacionados con las redes. Por ejemplo, un servidor DHCP programado para asignar direcciones TCP/IP se clasifica como servidor de red. De manera similar, un servidor que maneja el enrutamiento de paquetes de datos a través de diferentes redes (servidor de enrutamiento) proporciona un servicio de red y, por lo tanto, se clasifica como servidor de red. Otros servicios de este tipo, realizados por servidores de red, incluyen servicios de cifrado, descifrado, acceso de seguridad y acceso VPN.

• **Servidores de Internet:** Son los servidores que brindan acceso a servicios comunes de Internet como la World Wide Web, Usenet News (NNTP) o incluso los servicios de correo electrónico basados en Internet.

• **Servidores de Acceso Remoto:** Estos tipos de servidores sirven como puerta de enlace o punto de acceso para los usuarios que desean acceder a una red de forma remota.

Un sistema operativo instalado en un servidor es muy específico y está diseñado para permitir el desempeño de las tareas que acabamos de mencionar. Por ejemplo, si un servidor utiliza un sistema operativo distribuido por Microsoft, lo más probable es que utilice la edición Windows Server. Estos sistemas operativos vienen precargados con software de red. De manera similar, un servidor también puede ejecutar distribuciones Linux o UNIX diseñadas para redes. Dependiendo del sistema operativo instalado, el servidor puede realizar todas las funciones de red o ser específico para algunas. De hecho, no siempre es necesario que un servidor cumpla con todas las funciones de la red; dependiendo de su propósito, se le pueden asignar solo algunas operaciones. De esta forma, se pueden implementar múltiples servidores, cada uno optimizado para ciertas operaciones de red.

Ahora vamos a enumerar algunas de las características que diferencian a los servidores de los ordenadores domésticos:

- Los ordenadores servidores incorporan de forma nativa el elemento de redundancia dentro de su arquitectura de hardware. Esto significa que, incluso si algo dentro del hardware se rompe o falla, el servidor seguirá funcionando normalmente. Para lograr esta redundancia, sus partes internas están revestidas con múltiples fuentes de alimentación y ventiladores de enfriamiento, protegiendo al ordenador de un mal funcionamiento debido a un fallo en cualquier componente del hardware.

- Los subsistemas de un ordenador servidor también están diseñados específicamente para optimizar el flujo de datos. Si analizamos un servidor típico, veremos que el esquema de diseño para los subsistemas de disco, memoria y red es diferente al que se usa para un ordenador de escritorio. Este diseño admite un impulso de alto rendimiento, no solo para los subsistemas mencionados anteriormente, sino también para optimizar el flujo de datos. Por lo tanto, los datos que se mueven hacia y desde diferentes puntos, como el servidor, el cliente y la red, están más optimizados y son más rápidos en comparación con un ordenador común.

- Dado que los servidores ocupan una posición crucial dentro de una red informática, se presta especial atención a la "salud" del ordenador. Los ordenadores servidores cuentan con parámetros de vigilancia especialmente diseñados en cuanto a software y hardware; la propia máquina puede estar atenta a cualquier deterioro alarmante de su salud y advertir a los usuarios de un fallo inminente antes de que suceda. Por ejemplo, uno de los elementos de monitoreo instalados en los servidores son los monitores de temperatura; si la temperatura del entorno del servidor aumenta demasiado, emite una advertencia revelando el problema. Así, las personas que mantienen el servidor se hacen conscientes del problema antes de que cause una falla de hardware y pueden priorizar su resolución.

Concentradores (Hubs), Conmutadores (Switches), y Enrutadores (Routers)

El propósito de los componentes de hardware como concentradores, conmutadores y enrutadores es simplemente facilitar el establecimiento y funcionamiento adecuado de la red. Por lo tanto, estos tres componentes son hardware de red "puros" y se clasifican en la categoría de "dispositivos de interconexión de redes". Estos componentes son la base de cualquier red básica o compleja, ya que todo el sistema de cableado de la red está conectado a ellos. En términos del modelo de red OSI, el flujo de datos de estos dispositivos se puede definir en el enlace de datos físico o incluso en la capa de red.

Hablemos primero de los concentradores. Los concentradores también se denominan comúnmente "hubs". El propósito principal de un concentrador es proporcionar un punto de conexión central para los cables de red. Los concentradores pueden admitir varios cables de red; la cantidad de cables depende del tamaño del concentrador. Uno pequeño y normal puede conectar cables de red provenientes de dos ordenadores, mientras que un concentrador grande puede admitir más de sesenta ordenadores. El concentrador más habitual no es ni "pequeño" ni "grande", sino un concentrador de "tamaño mediano" que generalmente admite hasta 24 ordenadores cliente.

En un concentrador, hay un cable lógico a través del cual los ordenadores cliente conectados se comunican con la red. La capacidad de este cable lógico se conoce como "dominio de colisión". A veces, la interferencia se produce cuando demasiados ordenadores cliente están conectados a un solo concentrador e intentan comunicarse con la red.

Ahora analizaremos los conmutadores. La infraestructura del circuito (cómo se han dispuesto los cables) de un conmutador es sorprendentemente similar a la de un concentrador. Un conmutador también se parece a un concentrador. Aunque la base conceptual del funcionamiento de "hubs" y "switches" es muy similar, el parecido termina ahí. A diferencia del concentrador, cada puerto de conexión de un conmutador tiene su propio dominio de colisión. De esta manera, cada conexión de red en un conmutador puede comunicarse libremente con la red a través de un dominio de colisión separado, en lugar de uno solo.

Cada conexión de red en un conmutador está hecha para ser una conexión privada. Hoy en día, la mayoría de las redes de ordenadores implementan conmutadores en lugar de concentradores, principalmente porque son una solución más barata. Sin embargo, los conmutadores también tienen numerosos beneficios sobre los concentradores (dejaremos esta discusión para otro momento, ya que el objetivo principal es aprender cómo funcionan). Las buenas soluciones de red utilizarán uno o más conmutadores de red troncal, que se conectan a los conmutadores principales. Estos conmutadores troncales generalmente operan a una velocidad mucho más alta que los conmutadores principales. Sin embargo, incluso si se utilizan concentradores en una solución de red, seguirá existiendo el uso de un conmutador de red troncal (que es simplemente un conmutador individual conectado al concentrador). La siguiente figura muestra una disposición típica de conmutadores y concentradores en una red.

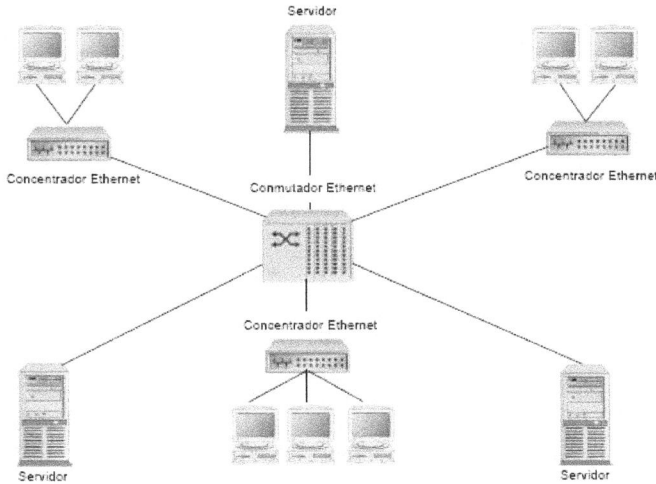

Por último, pero no menos importante, el enrutador. El trabajo principal de un enrutador en una red de ordenadores es enrutar los paquetes de datos de manera efectiva a través de una red a la siguiente. Un enrutador también puede ser un puente, que ofrece una ruta de flujo para los paquetes de datos entre dos redes conectadas. Estas dos redes establecen una conexión con el enrutador utilizando sus respectivos tipos de cableado y conexión.

Comprendamos esto mejor con un ejemplo. Considere un enrutador en una red que establece una conexión entre una red 10Base-T y una línea telefónica ISDN. En este escenario, el enrutador se ocupa de dos conexiones de red, una desde/hacia la red 10Base-T y la otra desde/hacia la línea telefónica ISDN. El trabajo del enrutador será crear una ruta adecuada para que los paquetes de datos viajen entre estas dos conexiones de red.

Además de estas conexiones de red definidas, el enrutador puede tener otra conexión de terminal. El propósito de esta conexión secundaria sería programar y mantener el enrutador en sí.

Cables y Cableado Estructurado

Al configurar una red informática, encontrará que hay una gran variedad de cables de red disponibles para usar. Pero en este nivel, solo debemos preocuparnos por los principales cables de red de uso común.

Los cables de red más comunes que se utilizan al configurar una conexión de red de área local son los cables de par trenzado de categoría 5. Estos cables también se denominan cables "Cat-5". Un cable tiene cuatro pares trenzados; esto significa que tiene ocho puntos de contacto de cables. Debido a este diseño, puede llevar la señal de la red a cada uno de estos ocho puntos de cable. El cable de red de par trenzado de categoría 5 se utiliza principalmente con redes Base-T como la red 100Base-T y la red Ethernet 1000Base-T.

También está disponible una versión de menor calidad de este mismo cable de red, y se denomina "cable de par trenzado de categoría 3". El diseño general y la estructura de este cable de red son similares a los del cable Cat-5 de gama alta; la principal diferencia es la cantidad de pares que admite. Mientras que el cable Cat-5 tiene cuatro pares de cables trenzados, el cable Cat-3 tiene dos pares de cables trenzados, es decir, la mitad del Cat-5. Por lo tanto, el cable de red de par trenzado Cat-3 se usa generalmente para admitir conexiones de red más antiguas, como la red 10Base-T, y usa conectores comparativamente más pequeños que los conectores Cat-5.

Igualmente, ahora hay versiones más nuevas y mejoradas de los cables de par trenzado de Categoría 5. Existe el cable Cat-5E mejorado y el nuevo cable de red estándar Cat-6. No hay mucha diferencia entre el Cat-5 y las versiones más nuevas; los cables Cat-5E y Cat-6 son esencialmente los mismos que los cables Cat-5. La única diferencia es que estos cables de red de par trenzado más nuevos admiten especificaciones de red más altas, lo que los hace ideales para la instalación en redes que funcionan a velocidades más altas. Dado que hay poca diferencia física, las versiones más nuevas son compatibles con los tipos de red más antiguos. Si usted ha usado un cable Cat-5 para una red 100Base-T, también puede usar los cables de red Cat-5E y Cat-6 para las mismas conexiones de red.

Otro tipo de cable de red popular en el pasado, pero no tan común en las instalaciones de red más actuales, es el cable coaxial. Este se puede encontrar en instalaciones de redes en edificios antiguos.

Hablemos de la estructura del cable coaxial. En este cable de red, hay un núcleo central, generalmente no más grueso que un alambre, hecho de cobre y conocido como el "conductor". Este núcleo está rodeado por un material plástico. Esta cubierta de plástico sobre el conductor está envuelta con un "escudo" que es básicamente de metal trenzado. Sobre este escudo, hay una cubierta exterior hecha de plástico. En el pasado, es posible que haya visto un cable grueso que conectaba su televisor a la red de la televisión por cable. Este cable también era un tipo de cable coaxial, y se usaba también para módems de cable hace varios años. El cable coaxial que se utilizó en redes como "Thin Ethernet" o 10Base-2 fue el cable coaxial RG-58.

Del mismo modo, para redes como ARCnet, se utilizaba otro cable coaxial (pero similar), que era el RG-56. El cable coaxial a utilizar dependía de la especificación de la red en la que se realizaba la instalación. Las especificaciones de una red definían la compatibilidad con un determinado tipo de cable coaxial. Esto impuso una limitación a la compatibilidad y la usabilidad universal del cable coaxial, ya que significaba que no se podían mezclar diferentes cables coaxiales al configurar una red, y era muy importante utilizar el cable especificado para la red que se estaba construyendo.

Pasemos a hablar ahora sobre el cableado estructurado. Un "cableado estructurado" es un término que se utiliza para describir la instalación completa del cable de red en el edificio designado. Cuando hablamos del cableado estructurado de una red, nos referimos a los cables de red, los conectores, las placas de pared, los paneles de conexión y el equipo de red relacionado con los cables de red instalados en el edificio. En la superficie, la instalación y administración de cables de red puede parecer una tarea sencilla, pero es todo lo contrario. Las estructuras de cables son muy difíciles y complejas. Debido a esto, siempre se recomienda elegir un proveedor que sea profesional y esté experimentado en la instalación de cableado estructurado.

Hardware de la Estación de Trabajo

En un entorno profesional, los ordenadores que utilizan las personas conectadas a una red son estaciones de trabajo en red. Generalmente, las estaciones de trabajo son los PC clientes en una red. Sin embargo, las estaciones de trabajo también se pueden modificar para que funcionen como servidores de red. Una estación de trabajo denominada "cliente de red" tiene las siguientes características habitualmente.

1.   Es un ordenador basado en Intel

2.   Casi siempre ejecuta un sistema operativo basado en Windows

3.   El sistema operativo de instalación incluye NIC y software de cliente de red (esto permite que la estación de trabajo del cliente de red se comunique con la red)

Las características mencionadas anteriormente muestran que lo habitual es que una estación de trabajo "cliente de red" ejecute Windows como sistema operativo principal. Pero la palabra clave aquí es "habitual". Hay casos en los que las estaciones de trabajo de red utilizan un sistema operativo distinto de Windows. Tales ordenadores integran un determinado hardware y software para permitir que la estación de trabajo participe en la red, incluso si el sistema operativo es diferente. Por ejemplo, los ordenadores Apple basados en Macintosh y Unix también se pueden usar como estaciones de trabajo en red.

Utilizar el tráfico de red y conocer el hardware de red

En las secciones anteriores de este capítulo, hemos visto los componentes de hardware involucrados en cada configuración de red y también hemos analizado el propósito de cada uno de ellos. En esta sección, daremos un paso más allá y analizaremos la funcionalidad real del hardware para dirigir el tráfico de red.

El enfoque fundamental y básico para probar la capacidad de cualquier diseño de red es comprobar con qué efectividad puede dirigir el tráfico de red de nodo a nodo. Esta prueba determina si la red diseñada es lo suficientemente buena o si tiene un rendimiento inferior. Para realizar la prueba, el primer requisito es poner los componentes de hardware de la red en una configuración que permita a dicha red enviar señales a través de los componentes de hardware conectados de manera eficiente. Esto se hace teniendo en cuenta el tipo y los requisitos previos de conectividad de la red.

En esta sección, analizaremos los siguientes componentes básicos de hardware de red:

- *Repeaters* o **Repetidores**: Estos dispositivos alargan la distancia de viaje del tráfico de red en el tipo de red correspondiente.

- *Hubs* o **Concentradores**: Estos dispositivos se utilizan al configurar una red con topología en estrella. Los concentradores conectan los diferentes nodos.

- **Bridges** o **Puentes:** Estos dispositivos son similares a los repetidores, pero más inteligentes. Los puentes dirigen el tráfico de red hacia diferentes segmentos. Esto se hace para que la segmentación solo se realice en caso de que el destino del tráfico sea, efectivamente, el otro segmento.

- **Routers** o **Enrutadores:** Estos dispositivos simplemente enrutan el tráfico de la red de manera efectiva y eficiente.

- **Switches** o **Conmutadores:** Estos dispositivos sirven como una conexión punto a punto rápida y eficiente para el otro hardware de red conectado.

Repeaters (Repetidores)

El repetidor es un dispositivo de hardware que se utiliza para alargar el alcance de la red; la forma en la que amplía dicho alcance es aumentando las señales. De hecho, siempre que se instala una red, habrá lugares donde la señal sea débil. El repetidor concretará el lado de la red donde esto ocurra, aumentará la señal débil y luego la enviará por el otro lado. Los repetidores se utilizan más comúnmente para redes con un alcance limitado, como las redes Ethernet delgadas. Por lo tanto, habitualmente verá que se usan en tales configuraciones de red. Sin embargo, esto no significa que el uso de repetidores se limite a estas redes.

Por el contrario, se pueden utilizar para prácticamente cualquier conexión de red. Por ejemplo, considere una red 100Base-T típica instalada con cables de red Cat-5. La longitud máxima de este cable es de cien metros, lo que significa que ese es el alcance de la red. Al usar un repetidor en esta configuración, podemos duplicar el alcance de la señal de red a doscientos metros.

En términos del modelo de red OSI, la operación de repetidores es un proceso en la primera capa, es decir, la capa física. Un dispositivo repetidor no es inteligente, lo que se traduce en que no tiene la capacidad de hardware para comprender las señales que está transmitiendo. Dado que el único trabajo del repetidor es realizar una amplificación de señal de red, debe usarse con cuidado. El repetidor no discernirá entre una señal de red y una señal de interferencia (también conocida como "ruido"). Es por eso que deben usarse solo después de una evaluación cuidadosa de la red. De lo contrario, un repetidor podría amplificar el ruido.

Los repetidores no se pueden utilizar para conectar diferentes medios de red. Por ejemplo, si se utiliza un repetidor con una red 10Base-2 Thin Ethernet, solo se puede conectar con otra red 10Base-2 Thin Ethernet.

Si analizamos a fondo la inteligencia de un repetidor, podemos encontrar que posee un ligero indicio de funcionalidad inteligente; sin embargo, no tiene suficiente capacidad para realizar operaciones complejas, como discernir entre los tipos de señales que se transmiten. El alcance de la funcionalidad inteligente de un dispositivo repetidor es la capacidad de separar una conexión de las demás, cuando el dispositivo detecta algún problema o anomalía en la red conectada. Por ejemplo, consideremos que estamos tratando con dos segmentos de una red ethernet delgada. Estos dos segmentos están conectados por un dispositivo repetidor. Si ambos segmentos se rompen, en lugar de apagar toda la red, el repetidor permitirá que el segmento funcional siga funcionando. De esta manera, los usuarios de la red pueden acceder a los recursos en el segmento de red que aún funciona, pero no tendrán acceso a los recursos en el segmento roto. Sin embargo, una cosa a tener en cuenta aquí es que, incluso si el repetidor separa el segmento de trabajo del segmento roto, si los recursos principales, como los servidores, están en el segmento roto, será inútil. Esto responde a que, incluso si las estaciones de trabajo estuvieran en el segmento funcional, no podrían acceder a los principales recursos de red del servidor.

La figura que se muestra a continuación refleja una configuración típica de repetidor que se extiende a lo largo de la red.

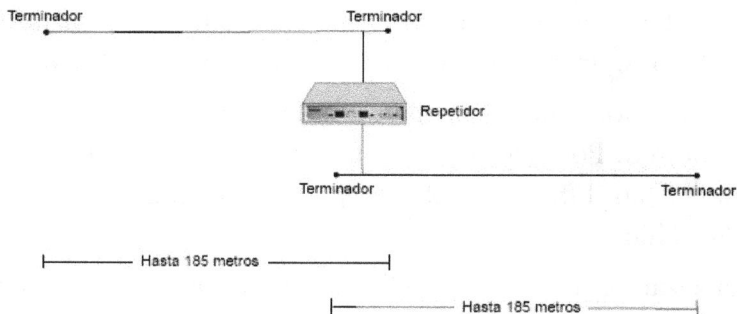

Hubs (Concentradores)

Este dispositivo de hardware se utiliza en una configuración de red para conectar los nodos a las redes troncales. Si analizamos la topología de la red donde se utilizan los concentradores, podemos ver que los nodos están conectados al concentrador en forma de estrella. Esto quiere decir que los cables de red conectados al concentrador se abren en abanico hacia cada nodo correspondiente. Dicha disposición de los cables sigue siendo la misma, tanto si se utiliza un concentrador en una topología en forma de estrella como en una red de topología en anillo. En redes más pequeñas, no hay necesidad de conmutadores troncales y, por lo tanto, no hay necesidad de un concentrador. Sin embargo, los concentradores se pueden utilizar de la misma forma en redes simples y redes grandes y complejas.

En cuanto a la compatibilidad de los concentradores con los tipos de medios de red, afortunadamente ofrecen una compatibilidad perfecta. Esto nos permite usar un concentrador con cualquier red sin preocuparnos por problemas de incompatibilidad. Si vamos más allá y miramos los modelos de *hubs* de gama alta, veremos que cuentan con un módulo reemplazable a través del cual un solo *hub* puede admitir múltiples tipos de medios de red. Por ejemplo, un modelo de concentrador de gama alta puede admitir módulos de red Ethernet y Token-ring.

Podemos encontrar los concentradores o *hubs* en el mercado en muchos tamaños diferentes. Algunos ofrecen soporte para hasta 2 estaciones de trabajo, mientras que otros, para más de cien. Todo depende de las necesidades de la red.

Enumeraremos ahora algunas características destacadas de los concentradores:

● Al igual que un eco que se origina de un sonido en las profundidades de una cueva, el concentrador perpetúa los datos de cada uno de sus puertos a todos los otros puertos correspondientes. A pesar de que los centros de cableado están dispuestos en estilo de estrella, su funcionamiento lógico es más parecido a los de topología en "bus". Sin embargo, debido al eco de los datos, ninguna lógica o proceso de filtrado puede impedir las colisiones de paquetes de datos procedentes de los nodos conectados.

● Una característica distintiva de los *hubs* o concentradores es que pueden apagar de manera efectiva un nodo que se comporte mal, separándolo de los otros nodos que funcionan correctamente. Este proceso también se conoce como "partición". Los escenarios en los que un concentrador divide un nodo incluyen la detección de un cortocircuito en el cable de red, una afluencia excesiva de paquetes de datos desde un puerto del concentrador que inunda la red y la detección de un problema grave relacionado con el puerto del concentrador. La partición efectiva de un nodo que funciona mal evita que afecte negativamente a los otros nodos que funcionan normalmente.

A medida que la tecnología avanza, la mecánica y la infraestructura de los dispositivos concentradores también se están volviendo cada vez más sofisticados. Las nuevas versiones y modelos de los centros más actuales incluyen características muy interesantes.

- Los concentradores actuales incluyen una función de administración incorporada; mediante el uso de protocolos de administración de red como SNMP, un concentrador se puede manejar de forma centralizada, a través de la red.

- Ahora hay concentradores que pueden detectar automáticamente la velocidad de conexión de la red y ejecutar cada nodo a esa velocidad. Por ejemplo, un concentrador que detecte una red 10Base-T ejecutará cada nodo a 10 Mbps. De manera similar, para una red 100Base-T, el concentrador ejecutará cada nodo a 100 Mbps.

- En estos días tenemos disponibles concentradores que utilizan enlaces ascendentes con velocidades más rápidas para conectarse a una red troncal. La velocidad media del enlace ascendente suele ser diez veces superior a la velocidad básica del concentrador. Por ejemplo, un hub con una velocidad básica de 100 Mbps tendrá un enlace ascendente con una velocidad de 1 Gbps.

- Los concentradores ahora vienen con una función de enrutamiento y puenteo incorporada. Anteriormente, las redes que usaban concentradores requerían dispositivos de hardware dedicados a realizar funciones de puente y enrutamiento. Con esta función incorporada en los concentradores, el uso de tales dispositivos se ha vuelto obsoleto.

- Los concentradores cuentan ahora con una función de conmutación incorporada. Con esta función, el concentrador puede cambiar los nodos en lugar de compartirlos.

Al elegir un *hub* o conmutador adecuado para su red, lo primero que debe tener en cuenta son las especificaciones de esta. Al saber cuántos nodos están conectados al concentrador, el ancho de banda requerido para cada nodo y el tipo de red troncal que se utiliza con el concentrador, podemos elegir el más adecuado para la red. En cuanto a las redes troncales que generalmente se instalan con un concentrador, a menudo suelen ser redes ethernet delgadas de 10 Mbps compartidas y 100Base-Tx de 100 Mbps y redes de alta velocidad. Cualquiera que sea el caso, la elección de una tecnología de red troncal depende principalmente del requisito de ancho de banda de la red y otros criterios que deben cumplirse para la red diseñada.

Técnicamente, en una red en la que se utilizan concentradores, estos actúan como "dominios de colisión", donde suelen producirse las colisiones. Por lo tanto, si utilizamos varios concentradores en una sola configuración de red, el área del dominio de colisión en la red inevitablemente se hará más grande. La única excepción es cuando los concentradores se conectan individualmente a un conmutador. Al usar conmutadores, podemos restringir los dominios de colisión de cada concentrador a sí mismo. La figura que se muestra a continuación refleja una red que utiliza varios concentradores.

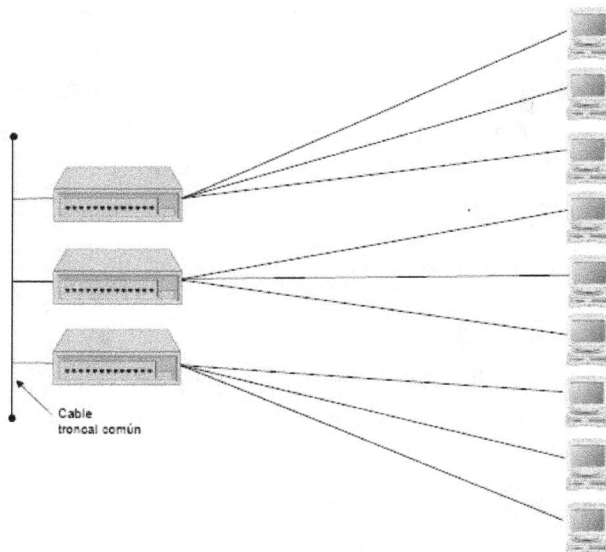

Cable
troncal común

Switches (Conmutadores)

Tal como su nombre indica, un conmutador es un componente de hardware de una red que puede cambiar rápidamente las conexiones de un puerto a otro. Este dispositivo crea conexiones en una red conmutando dinámicamente entre varios puertos de red disponibles. Considere varios trenes, donde algunos vienen de ciertas vías y salen por otras vías. Imagine que hay una persona designada encargada de administrar el movimiento y las rutas de los trenes. A esta persona se le llama "administrador de vías". Para asegurarse de que los trenes lleguen a su destino, el administrador o encargado básicamente cambia las vías de acuerdo con su ruta especificada. En esta analogía, el "conmutador" es el "administrador de vías". En lugar de dirigir los trenes cambiando las vías, un conmutador dirige los paquetes de datos a través de la red mediante un cableado Ethernet. De esta forma, un paquete de datos se encamina de forma eficaz a su destino.

Ya sabemos que un conmutador establece una conexión individualizada entre dos puertos de la red. Tiene sentido que todos los puertos que convergen en el dispositivo de conmutación no compartan un dominio de colisión común. Es por eso que un dispositivo de conmutación juega un papel bastante similar al de un superpuente.

Debido a la naturaleza de los conmutadores, se utilizan principalmente para crear conexiones entre concentradores y crear conexiones troncales más rápidas en una red. Por ejemplo, visualice una red que utiliza diez concentradores. Cada concentrador admite hasta 24 nodos de conexión para estaciones de trabajo. Con diez concentradores, tendremos alrededor de 240 nodos de conexión, lo que significa que habrá 240 estaciones de trabajo en total conectadas a ellos. Si estos *hubs* están conectados a la misma conexión troncal en la red, significa que todos los concentradores comparten el mismo dominio de colisión. Cuando las 240 estaciones de trabajo comparten el mismo dominio de colisión, el rendimiento de la red se deteriora, pero podemos solucionar este problema utilizando un conmutador con 12 puertos. Anteriormente, cada puerto del conmutador tenía su propio dominio de colisión independiente. Aquí, los diez concentradores conectados al conmutador de 12 puertos tendrán dominios, manteniendo así la calidad de la red.

Una conexión de red 100Base-T se usa comúnmente con estaciones de trabajo y un experto en redes recomendaría una conexión 1000Base-T o más rápida como red troncal. Mediante el uso de un conmutador y una red troncal rápida, las estaciones de trabajo conectadas a la red a través de los nodos pueden operar a 100 Mbps.

Los conmutadores tienen un impacto tan positivo en la velocidad y el rendimiento de la red, que usar un conmutador se convierte en casi una obligación. Otro aspecto que hace que los conmutadores sean tan deseables en las redes es que son muy económicos. Para una red de área local típica, el uso de conmutadores en lugar de concentradores tiene más sentido porque los concentradores son componentes de red bastante costosos. En comparación, un conmutador es mucho más económico, tiene mucho que ofrecer a la red y es comparativamente más fácil y sencillo de instalar. Hoy en día, la oferta y la demanda de conmutadores es abrumadora.

La razón por la que necesita conocer y comprender los concentradores es que, aunque no se utilizan ahora, es posible que aún se encuentre con instalaciones antiguas que los utilicen. En las instalaciones de red más nuevas, está garantizado que se encontrará exclusivamente con conmutadores. Para reiterar el concepto principal de estos *hubs* y *switches*, los primeros crean un dominio de colisión de paquetes más grande, mientras que los conmutadores tienen dominios de colisión separados y más pequeños.

Bridges (Puentes)

Un puente es un dispositivo de hardware que realiza la misma función que un repetidor, pero es más inteligente. Los puentes funcionan uniendo dos segmentos de red, al igual que los repetidores; la principal diferencia es que cuando un puente debe pasar tráfico de datos de un segmento a otro, lo hace de forma inteligente. Esto conlleva que un puente solo pasará el tráfico de datos al otro segmento si el destino de este tráfico es el segmento objetivo; de lo contrario, no lo hará. Otra característica distintiva de un puente es que puede dividir la red en segmentos más pequeños. Algunos puentes se pueden conectar a dos segmentos de red. Por ejemplo, un puente de este tipo puede abarcar desde Ethernet delgado coaxial hasta un Token Ring de par trenzado.

Ya hemos hablado previamente sobre la capa en la que operan los repetidores (que era la capa física del modelo OSI). Basándonos en esto, podríamos suponer que, dado que la función y el propósito de los puentes son prácticamente los mismos que los de los repetidores, también operarían en la primera capa del modelo de red OSI. Sin embargo, ese no es el caso. Los puentes operan en una capa a un nivel superior, es decir, en la segunda capa, también conocida como capa de vínculo de datos en el modelo de red OSI. Esto obedece a que los puentes conectan los segmentos de la red y luego pasan el tráfico de datos de un segmento a otro segmento "de manera inteligente". Para llevar a cabo esta función, el puente analiza la dirección MAC o de control de acceso al medio de cada paquete de datos encontrado. Este análisis de la dirección MAC ayuda al puente a determinar si debe reenviar el paquete de datos a la otra red o no. Un dispositivo puente puede almacenar partes de los datos de direcciones de la red y se puede ejecutar de dos formas:

1. El usuario programa una tabla de enrutamiento estática que contiene la información y los datos de la dirección.

2. El usuario implementa un sistema de aprendizaje dinámico que aprende en un patrón en forma de árbol, identificando y descubriendo automáticamente las direcciones de la red.

Los puentes no deben usarse a la ligera. Estos son los escenarios en los que se recomienda el uso de tales dispositivos:

- Son apropiados para las redes a pequeña escala

- Si la red está usando un repetidor, se puede instalar un puente en lugar del repetidor.

- Si la red en cuestión parece beneficiarse cuando el tráfico de red no se transfiere innecesariamente entre los diferentes segmentos, es recomendable utilizar un puente.

Routers (Enrutadores)

Continuando con la cadena de iteraciones inteligentes de los otros componentes de hardware de la red, un enrutador es básicamente un puente, pero aún más inteligente, al igual que un puente es una versión inteligente de un repetidor. Así como los puentes operan en una capa más alta que los repetidores (en la capa de vínculo de datos) en el modelo de red OSI, los enrutadores operan en la tercera capa del modelo de red OSI, también conocida como capa de red. Los enrutadores son más eficientes y mucho mejores que los puentes para transmitir paquetes de datos a sus respectivos destinos.

Dado que el funcionamiento del enrutador se encuentra en la tercera capa del modelo de red OSI, el único requisito para que las capas superiores del modelo OSI establezcan una conexión con el enrutador es utilizar los mismos protocolos. Si el enrutador está configurado y diseñado específicamente para la traducción de protocolos, entonces puede traducir cualquier protocolo de las primeras tres capas (física, de vínculo de datos y de red) a cualquier otro protocolo que también forme parte de estas tres capas. Un enrutador también puede conectar dos redes que no tienen similitudes entre sí (por supuesto, la conexión de redes similares es posible también). En general, los enrutadores son los dispositivos más adecuados y se usan comúnmente para redes de área amplia (WAN), ya que pueden crear de manera efectiva los enlaces necesarios para que se establezca esta red.

Si analizamos cuáles son las características que le permiten al enrutador o *router* conectar de manera efectiva dos redes similares o diferentes, podemos concluir que este cumple esencialmente el papel de un nodo. Los enrutadores cuentan con su propia dirección de red, lo que solidifica aún más su función como nodo. Un *router* recibe paquetes de datos de otros nodos, los analiza y examina, y solo después de esta evaluación, el enrutador envía el paquete de datos a su destino. Este procedimiento debe realizarse casi instantáneamente para evitar retrasos y demoras en el tráfico de datos. Para garantizar que el enrutador realice este trabajo con rapidez y precisión, están diseñados con un microprocesador en su interior que maneja las necesidades lógicas y computacionales de la tarea. Por lo general, este procesador es una variante del chip tipo ordenador RISC o conjunto de instrucciones reducido. Además de un microprocesador, los enrutadores también tienen memoria incorporada para ayudar con la función de enrutamiento. Dado que estos dispositivos son más inteligentes que los puentes y tienen más recursos computacionales, pueden averiguar la ruta más corta (si está disponible) hacia el destino de cualquier paquete de datos y utilizarla.

Además de esto, también pueden realizar ciertas tareas que facilitan la maximización del ancho de banda de una red. Además, un enrutador puede adaptarse lógica y dinámicamente a los problemas de tráfico detectados en las redes.

Hablemos, a continuación, de la importancia de los enrutadores en una red. No sería exagerado decir que forman la columna vertebral de toda Internet. Por ejemplo, consideremos el comando TRACERT. Cuando se usa este comando para rastrear una ruta desde dos puntos, de un nodo hasta un destino, se puede ver que hay múltiples "saltos" mostrados por la terminal antes de que pueda mostrar el destino. Estos "saltos" son los *routers*, que reenvían el paquete de datos hasta que llega a su destino.

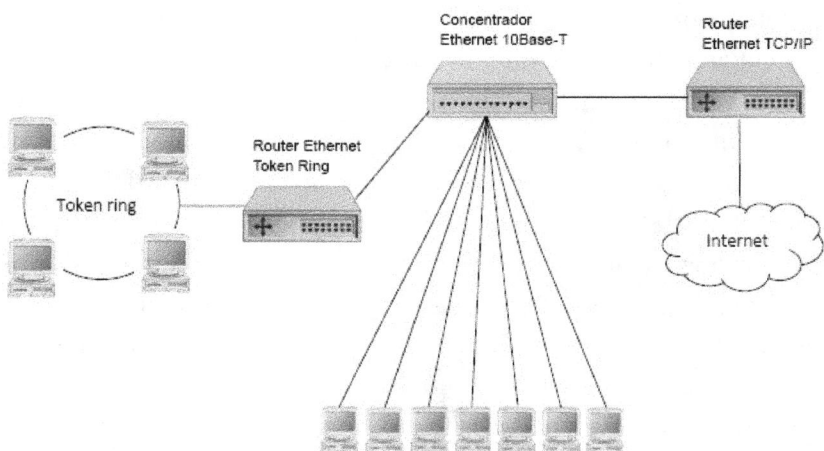

Los enrutadores no están preconfigurados. Para realizar correctamente sus tareas y funciones, es necesario programarlos. Por ejemplo, una configuración de enrutador estándar puede incluir la asignación de direcciones de red a cada uno de sus puertos y la configuración de los ajustes del protocolo. La programación de enrutadores, generalmente, se realiza de cualquiera de estas dos formas:

1. Por lo general, existe un puerto conocido como puerto RS-232C. Al usar un software de emulación de terminal, podemos conectar un ordenador o un terminal usando este puerto. Una vez conectado, es posible programar el enrutador en modo texto.

2. Además de programar un enrutador directamente desde su puerto RS-232C, también se pueden programar mediante el software basado en red que viene con él. Lo más común es que este software utilice una herramienta gráfica o una interfaz web simple.

Ambos de estos métodos son compatibles con la mayoría de los *routers* disponibles en la actualidad. Sin embargo, no existe un método recomendado. Todo depende de aspectos como sus necesidades de seguridad y el modelo específico del enrutador que esté utilizando. Al utilizar enrutadores, se debe tener cuidado, ya que los piratas informáticos pueden aprovechar su método de programación basado en red en su beneficio. Esto permitiría a los usuarios no autorizados cambiar la configuración del enrutador.

Gateways (Puertas de Enlace)

Una puerta de enlace es una interfaz específica de la aplicación. Su trabajo principal es vincular todas las capas del modelo de red OSI, siempre que se detecte que son diferentes. Esta diferencia puede darse en una sola capa o en todas las capas y la puerta de enlace cumplirá su función en cualquiera que sea el caso. Para entender esto mejor, veamos un ejemplo. Supongamos que hemos establecido redes utilizando el modelo de red OSI, pero queremos conectarnos a una utilizando la Arquitectura de red de sistemas, también conocida como SNA, por IBM. Estas dos redes no son similares, por lo que para conectarlas usaremos una puerta de enlace. Estas pasarelas también pueden traducir Ethernet a Token Ring. Sin embargo, existen soluciones de red más simples para realizar una traducción de red como esta. La carga de traducción en las puertas de enlace es considerablemente mayor que en otros dispositivos, provocando que su funcionamiento se vea ralentizado.

Hoy en día, su uso en redes es principalmente para manejar correos electrónicos. Por ejemplo, dos de los protocolos de correo electrónico más comunes que manejan las puertas de enlace son:

- POP3
- SMTP

De manera habitual, la mayoría de los sistemas de correo electrónico que se conectan a redes diferentes utilizarán un ordenador configurado como puerta de enlace o usarán el servidor de correo electrónico para realizar las tareas de la puerta de enlace.

Fundamentos básicos de las tipologías de Cables

Antes de comenzar a ver las topologías de cable, repasemos el concepto de 'Topología'. La palabra 'Topología' significa 'forma'. De manera similar, la palabra 'Topología de red' se refiere esencialmente a la forma de una red (la disposición cableada de los nodos de la red).

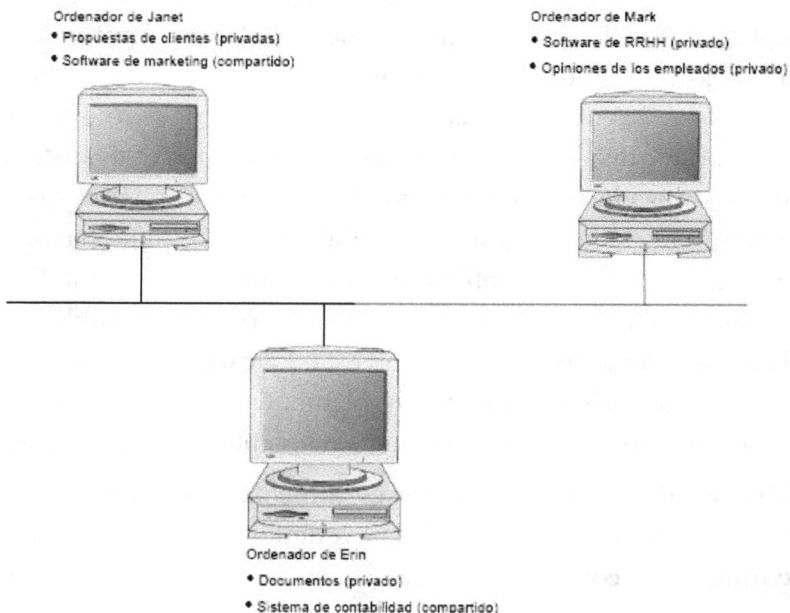

Las diferentes topologías tienen diferentes precios, ventajas, desventajas, rendimiento, estabilidad y confiabilidad. En esta sección, analizaremos las tres topologías de cables principales que se utilizan comúnmente en la actualidad.

1. Topología bus

2. Topología estrella

3. Topología anillo

Topología bus

La topología bus también se denomina comúnmente "topología multipunto de bus común". Una topología bus es básicamente una red que utiliza un solo cable de extremo a extremo. En este cable de red, algunos dispositivos están conectados en diferentes ubicaciones en el cable, y estas conexiones se denominan "nodos". A continuación, se muestra una ilustración simple de una red de topología bus:

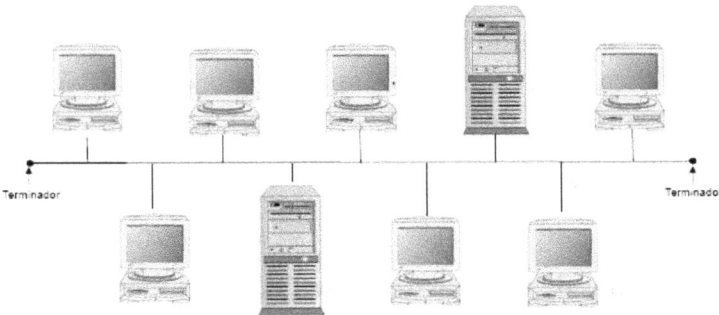

Sin embargo, no se utiliza una topología bus universal. Por el contrario, existen muchos tipos, cada uno con sus propias especificaciones. Estas se basan en varios factores:

● La cantidad de nodos que puede manejar un solo segmento

● Al usar un repetidor, ¿cuál es el número de segmentos que se pueden usar?

● El límite máximo de proximidad física para los nodos.

- La longitud del segmento de red

- El cable coaxial requerido

- Cómo terminan los extremos del segmento

Generalmente, una red de topología bus lleva cable coaxial. En un tipo de red como esta, los dos extremos terminales abiertos de la red deben direccionarse o, de lo contrario, la red no funcionaría. Se utiliza un tipo especial de terminador de cable en cada terminal de la red.

Hay varias topologías de bus diferentes y cada grupo usa un tipo diferente de conector para unir los diferentes segmentos del cable de red. Por ejemplo, una red de topología de bus Thin Ethernet 10Base-2 utiliza un conector conocido como "conector BNC" o como "conector BNC-T" debido a su parecido con una forma de "T". Este conector permite que un nodo (ordenador o servidor) se conecte al segmento de red mientras permite que la red continúe su bus. También existen diferentes tipos de conectores BNC:

1. Conector BNC-T

2. Conector BNC barrel

3. Cable RG-58 cable con conector BNC macho

En términos de presupuesto, la red de topología bus es la opción más económica de las tres. Esto se debe a que utiliza menos cable de red con respecto a la topología en estrella y en anillo. Por lo tanto, una red de topología bus utiliza menos materiales de red y necesita menos mano de obra de instalación. Sin embargo, si bien la topología bus tiene ventajas sobre las otras dos topologías, también presenta importantes inconvenientes.

Una red con topología bus es más sensible y propensa a fallos porque comprende múltiples subescalas, que esencialmente crean un segmento. Estas subescalas deben estar conectadas a los nodos y semejante nivel de complejidad introduce un nuevo problema:

- Si los segmentos de la red de topología bus fallan, provocarán el fallo de los segmentos de la red.

- Identificar la fuente del error es aún más tedioso y requiere más tiempo, ya que el técnico debe revisar las conexiones de cables disponibles hasta que se identifique la fuente del segmento defectuoso.

Dado que una red de topología bus aparentemente no es fiable y es más propensa a fallos, muchas nuevas instalaciones de redes cableadas no utilizan esta topología. Sin embargo, pueden verse en instalaciones de red más antiguas.

La red de topología bus más utilizada en el pasado y que todavía tiene una existencia limitada en la actualidad es la red Ethernet 10Base-2 (también conocida como Thin Ethernet). Una red Thin Ethernet tiene estas características:

- 10 Mbps de máxima velocidad

- El tipo de cable de red y conectores utilizados son '**RG-58/AU**' o '**RG-58/CU**' (cable coaxial y conectores BNC respectivamente)

- Para funcionar correctamente, la red requiere que cada extremo de cada segmento termine con un conector de terminación de 50 ohmios

- La capacidad máxima de nodos por segmento es de 30 nodos

- La longitud máxima del segmento es de 185 metros o 607 pies

- Los repetidores pueden presentar segmentos extendidos

- La distancia mínima entre cada nodo debe ser de 0,5 metros o 1,5 pies de distancia del cable

En una red que usa topología bus con repetidores que permiten al usuario conectar hasta tres segmentos juntos, cada segmento conectado admitirá hasta 30 nodos (contando el repetidor como un nodo). Se podrían agregar dos segmentos más si el único propósito fuera extender la distancia de la señal y estos segmentos no tuvieran nodos conectados a ellos. Esto haría un total de cinco segmentos, los cuales podrían agregarse usando un repetidor. La longitud máxima no debe exceder los 925 metros o 3,035 pies. Para recordar este sistema, se puede usar la regla 5-4-3:

- Cinco segmentos
- Cuatro repetidores
- Tres segmentos poblados

Topología en Estrella

En una red de topología en estrella, los ordenadores, servidores y nodos están conectados a una sola unidad central. En esta disposición de cables, las conexiones irradian desde la unidad principal, similar a la forma de una estrella. Esta unidad central se denomina comúnmente "concentrador" o "hub". El concentrador aloja un grupo de cables de red que se extienden a los nodos correspondientes. En términos técnicos, un *hub* se conoce como una "unidad de acceso multiestación" o simplemente "MAU". Aunque este término se utiliza estrictamente con las redes Token Ring.

En una red de topología en estrella hay varias opciones de tamaño de concentrador disponibles. Por ejemplo, algunos *hubs* no pueden admitir más de dos nodos, mientras que otros pueden admitir hasta noventa y seis. Por lo general, una unidad central estándar utilizada en esta red admite hasta 24 nodos. Por otro lado, ya sea que usemos un concentrador de 24 nodos o un concentrador de 96 nodos, tenemos la libertad de conectar varios nodos a un concentrador y dar forma a la red como mejor nos parezca. A continuación, se muestra una ilustración simple de una red de topología en estrella.

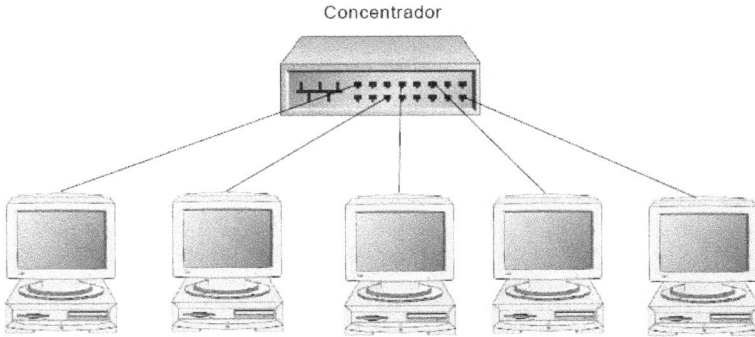

Concentrador

Sin embargo, recuerde que, dado que se utiliza un concentrador como unidad central, surgen complicaciones en las secciones anteriores de este capítulo. Un concentrador o *hub* hace eco del tráfico de red entre sus otros puertos. Por lo tanto, el tráfico de red de cualquier nodo se repetirá en los otros nodos. Esto significa que la conexión de ancho de banda de un nodo se comparte entre las otras conexiones de nodos. Por ejemplo, si la velocidad de ancho de banda total del concentrador es 100 Mbps, pero un único nodo está usando 50 Mbps, los otros nodos no pueden acceder al total del ancho de banda y, en su lugar, deben compartir estos 50 Mbps. Para decirlo en términos más simples, el ancho de banda total disponible para un nodo es el mismo ancho de banda compartido entre los otros nodos.

En una red de topología en estrella, hay varias conexiones Ethernet. Las enumeramos a continuación.

- **Ethernet 100Base-T** es la más usada habitualmente y ofrece un límite de ancho de banda total de hasta 100 Mbps.

- **Ethernet 10Base-T** se ve en redes más antiguas. Esta Ethernet tiene un límite de ancho de banda de hasta 10 Mbps.

- **Ethernet 1000Base-T** es un Ethernet relativamente nuevo y se conoce comúnmente como Gigabit Ethernet. Ofrece una capacidad de ancho de banda de 1000 Mbps o 1 Gbps.

- **10GBase-X** es el Ethernet más reciente. Se llama 10 Gigabit Ethernet y utiliza una conexión de cable de fibra óptica que ofrece una capacidad de ancho de banda de 10 Gbps.

Hablemos de los requisitos de cable de las conexiones de red Ethernet 10Base-T y 100Base-T.

- Ethernet 10Base-T requiere un cable de red de par trenzado de categoría 3 (Cat-3).

- Ethernet 100Base-T requiere un cable de red de par trenzado de categoría 5 (Cat-5).

Recuerde que, aunque Ethernet 10Base-T puede usar un cable de red Cat-5, Ethernet 100Base-T no puede usar cables de red Cat-3. Siempre que instale una Ethernet 10Base-T o conexiones de red más nuevas, se recomienda utilizar los cables de red más recientes. Por ejemplo, si está usando una conexión Ethernet 10Base-T, es recomendable usar un cable Cat-5E y, si el dinero no es un problema, incluso puede optar por el cable de red Cat-6.

Estas son las características de cableado que comparten las redes 10Base-T:

- Requieren cuatro cables en dos pares trenzados con revestimiento simple. Estos cables de par trenzado pueden estar apantallados o no apantallados.

- Pueden funcionar con cables de red Cat-3 y con otros más nuevos como Cat-5.

- Hay un límite de longitud para cada conexión de nodo de 100 metros, o aproximadamente 328 pies.

- No están sujetos a una limitación en el número de nodos por segmento lógico.

- Para todas sus conexiones, utilizan conectores "RJ-45".

Algunas ventajas que tienen las redes 1000Base-T sobre las redes 100Base-T son:

- Son compatibles con los cables de red Cat-5

- Operan a diez veces la velocidad de las redes 100Base-T, es decir, a 1 Gbps o 1000 Mbps en lugar de 100 Mbps

Podría decirse que una de las ventajas más importantes que tienen las redes 1000Base-T es su compatibilidad con cables Cat-5. Hoy en día, este el cable de red más utilizado en más del 75% de las redes instaladas. Si ya hay un sistema de cable Cat-5, se puede instalar una red 1000Base-T sin cambiar el sistema de cable. Esto proporciona un gran ahorro, no solo en tiempo, sino también en gastos de instalación, gastos de cableado y de mano de obra, ya que instalar una nueva red de cableado para todo un edificio es muy costoso.

A continuación, se muestran algunas características de las redes 1000Base-T:

- Estas redes necesitan ocho cables en cuatro pares trenzados de revestimiento simple.

- Requieren al menos Cat-5 o cables de red superiores (Cat-5E o Cat-6).

- El límite de longitud para cada conexión de nodo es de 100 metros o aproximadamente 328 pies.

- No están limitados en cuanto al número de nodos por segmento lógico.

- Para todas sus conexiones utilizan conectores "RJ-45".

Las redes 1000Base-T son increíblemente similares a sus predecesoras, las 100Base-T, excepto en áreas como los requisitos de cableado de red.

Las redes de topología en estrella son más caras que las redes de topología bus porque el uso de cables de red es mayor. Además, los gastos de mano de obra para instalar ese cableado son más elevados y la necesidad de enrutadores o concentradores también aumenta el coste total. Sin embargo, este costoso presupuesto no es en vano. Las topologías en estrella son más fiables y ofrecen un mejor rendimiento que las redes que utilizan una topología bus. No solo ofrecen un mayor rendimiento de ancho de banda, sino que, si las conexiones de red aisladas se rompen o fallan, las otras conexiones no se verán afectadas. Incluso, si surge un problema en una red de topología en estrella, es fácil y sencillo solucionarlo, ya que cada cable de red va directamente desde el concentrador al nodo.

Topología en anillo

A diferencia de las otras dos topologías que hemos analizado hasta ahora, que utilizan una disposición de cables de red físicos, una red de topología en anillo utiliza una disposición lógica. A efectos de configuración, en una topología en anillo, la disposición real del cable de red física es la de una topología en estrella, y cada nodo del cable está conectado a sus propias Unidades de Acceso a Medios. Aunque, a pesar de la disposición física, los cables de red se comportan eléctricamente como un anillo. Esto significa que las señales provenientes de la red viajan a través de los diferentes nodos en un anillo. A continuación, se muestra una ilustración simple de una red de topología en anillo.

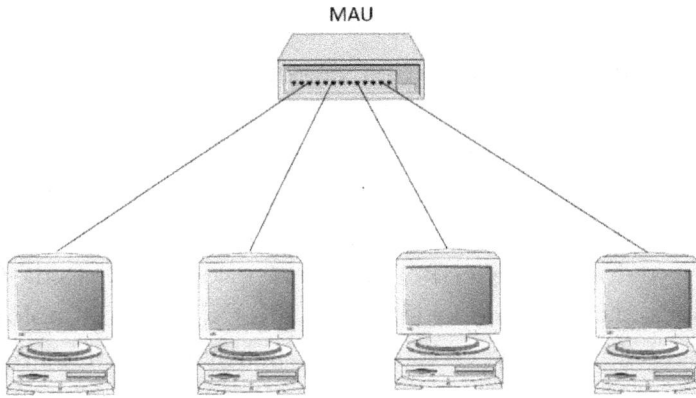

(Representación Física de una Topología en Anillo)

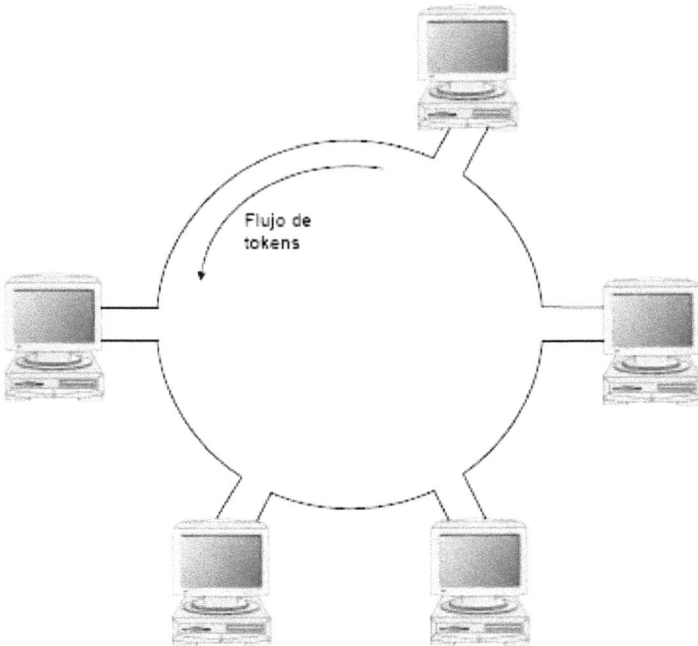

Flujo de tokens

(Representación Eléctrica de una Topología en Anillo)

A diferencia de las topologías de red bus y estrella basadas en Ethernet, la topología en anillo se basa en Token Rings. A veces, una red que usa una topología en anillo también se puede ver ejecutándose en una red de fibra óptica, generalmente con una capacidad de ancho de banda de 100 Mbps, en lugar de cables de cobre. Esta red se basa en FDDI o Interfaz de datos distribuidos por fibra. El uso principal de una topología en anillo es para grandes redes de telecomunicaciones como la Red Óptica Sincrónica, también conocida como SONET. La topología en anillo también se utiliza en redes de área de almacenamiento.

Capítulo 4: Sistemas de Comunicación Inalámbrica y Conexión a Internet

¿Qué es la Comunicación Inalámbrica?

La comunicación inalámbrica rara vez requiere un medio físico o un canal para transmitir las señales. Por el contrario, permiten que las señales viajen a través del espacio y comúnmente se les llama medio de comunicación no guiado.

Conexión a Internet

En esta sección, aprenderá los fundamentos de la conectividad a Internet y sus características.

Redes de Área Amplia

Las Redes de Área Amplia o WAN son simplemente una red de Área Local con un rango más amplio. Las Redes de Área Amplia se pueden definir como múltiples Redes de Área Local interconectadas. Se prefieren las WAN cuando se requiere un enfoque mejor y de mayor alcance al que ofrece una Red de Área

Local. El establecimiento de este tipo de redes se puede realizar de varias formas. Para determinar qué método adoptar al configurar una WAN, la organización o empresa debe considerar diferentes aspectos, como:

- La regularidad con la que se deben utilizar las Redes de Área Local.

- La regularidad con la que deben conectarse las Redes de Área Local entre sí.

- El "ancho de banda" o capacidad de datos requerida por la red.

- La distancia entre cada punto de la Red de Área Local.

Teniendo en cuenta estos aspectos, se puede implementar una solución adecuada para establecer una red de área amplia óptima. Por ejemplo:

1. Establecer una Red de Área Amplia mediante una línea telefónica alquilada capaz de admitir un ancho de banda de hasta 56 Kbps.

2. Establecer una Red de Área Amplia utilizando líneas DS1 específicas y capaces de soportar un ancho de banda de hasta 1.544 Mbps.

3. Establecer una Red de Área Amplia utilizando líneas DS3 específicas y capaces de admitir un ancho de banda de hasta 44,736 Mbps.

Incluso se puede establecer una Red de Área Amplia utilizando un satélite privado que, en última instancia, admitirá un ancho de banda aún mayor. Por lo tanto, para elegir la mejor opción para una conexión WAN, se recomienda primero evaluar la situación y llegar a una solución clara.

La aparición de las Redes de Área Amplia comenzó cuando los usuarios de Redes de Área Local necesitaban acceder a los recursos de otra Red de Área Local. Esto se observó con mucha frecuencia en grandes instituciones como empresas comerciales, organizaciones, hospitales, bancos, escuelas, etc.

Analicemos un breve ejemplo. Considere una gran empresa con varios edificios especializados en sus respectivas funciones. Está la sede principal de la empresa y luego están las unidades de almacén de la misma empresa, pero en una ubicación diferente. Imagine que la sede principal de la empresa alberga algunos recursos muy necesarios, como el ERP o el sistema de planificación de recursos empresariales. Para que el almacén realice correctamente su trabajo, necesita acceso a las funciones de inventario y envío proporcionadas por estos recursos. Dado que el almacén y la sede se encuentran en ubicaciones físicas diferentes, la Red de Área Local del almacén necesita acceso a la Red de Área Local de la sede. Por lo tanto, la empresa implementará una conexión de Red de Área Amplia para resolver este problema.

Generalmente, si una organización puede diseñar la infraestructura de su sistema de modo que no necesite una conexión de Red de Área Amplia, esto es lo más adecuado. La razón radica fundamentalmente en el coste requerido para mantener correctamente los enlaces de la Red de Área Amplia.

Internet e Intranet

Recordando la gran popularidad de Internet y su importancia en nuestra sociedad moderna, la productividad de cualquier empresa comercial se ve perjudicada si no utiliza Internet correctamente. Manejar y mantener la conectividad en una red es un trabajo fundamental, ya que incluso varios minutos de inactividad en Internet pueden crear un montón de problemas para la organización. Por tanto, Internet es un servicio y una característica muy importante de las redes informáticas. De hecho, en la actualidad, muy pocas personas no están familiarizadas con Internet y con su asombrosa productividad y accesibilidad. Prácticamente todas las empresas aprovechan los servicios clave de Internet, como el correo electrónico, el acceso a la World Wide Web y el uso de los grupos de noticias de Usenet.

La implementación de una conexión a Internet en una red involucra a otra entidad conocida como Proveedor de Servicios de Internet (ISP). La conexión de una persona u organización con el ISP es básicamente una conexión de red de telecomunicaciones. La conexión del ISP al cliente se establece mediante un medio físico, como una línea, y hay varios tipos de conexiones ofrecidas por los ISP según el cliente, por ejemplo:

- Línea DSL

- Línea ISDN

- Conexión DS1 fraccional/completa

Después de elegir una línea adecuada respaldada por el ISP, se instala en el domicilio designado estirando la línea hasta el edificio y conectándola a una caja especial, que se conoce como CSU/DSU (unidad de servicio de canal y unidad de servicio de datos). El propósito principal de esta caja es la conversión de datos, es decir, convertir la forma de datos que transporta la compañía telefónica local especificada en una forma utilizable por la Red de Área Local. Además, esta caja CSU/DSU se conecta a un enrutador (o un módem), que maneja el enrutamiento de paquetes de datos entre la Red de Área Local e Internet. A veces, esta caja se construye dentro del enrutador proporcionado por el ISP.

Ahora analicemos la seguridad de una conexión a Internet. Cuando un ISP "envía" una conexión de Internet a su cliente, le proporciona un enrutador durante la instalación. Los paquetes de datos que envía este enrutador se filtran automáticamente para evitar una fuga de datos.

La seguridad basada en software más generalmente adoptada por los usuarios es un "firewall". Este programa es lo que limita, de forma inteligente, cualquier conexión innecesaria a un servidor en Internet que una aplicación del ordenador pueda solicitar. También bloquea el tráfico entrante potencialmente peligroso, que generalmente proviene de un pirata informático. Por lo tanto, al usar un firewall, podemos proteger nuestros sistemas informáticos de posibles amenazas en línea mientras usamos Internet.

Hasta ahora, hemos hablado de Internet como una red interconectada de personas en todo el mundo. Ahora discutiremos algo similar a Internet, cuyo nombre es "Intranet". Suenan y funcionan de manera similar.

Mientras que Internet se centra básicamente en la conectividad externa, una Intranet es una forma de red que se centra en la conectividad interna. Por ejemplo, digamos que hay una empresa que quiere alojar una página web o incluso un servidor, solo para que accedan sus empleados. Necesita una Intranet. La empresa utilizará un servidor web principal que almacenará todos los recursos de la empresa, como documentos, manuales de empleados, facturas y todos los datos publicados regularmente dentro de la empresa para los empleados y departamentos. Por lo tanto, se convierte en una versión miniaturizada de Internet, dedicada exclusivamente a la infraestructura de red interna de la organización. Sin embargo, la funcionalidad de la Intranet no acaba aquí. Puede realizar tareas relacionadas con Internet, como proporcionar servidores de Protocolo de transferencia de archivos (FTP) y Usenet.

La organización o empresa implementa y mantiene una Intranet dentro de los límites de su propia Red de Área Local. Por lo general, no se puede acceder a una Intranet desde fuera de la LAN, pero hay casos en los que puede ocurrir un acceso no permitido.

Comprender las Características de las Redes

Hasta ahora, hemos hablado de la relación simple entre ordenadores conectados a una red (P2P y redes cliente-servidor). Ahora que el lector ha desarrollado una comprensión de cómo los ordenadores conectados interactúan entre sí, podemos analizar algunas tareas que realizan en línea. A esto se le puede llamar "características de las redes informáticas". En esta sección veremos las siguientes:

- Compartir Archivos

- Compartir Impresora

- Servicios de Aplicaciones

- E-mail

- Acceso Remoto

Compartir Archivos

En el pasado, el intercambio de archivos era la razón por la que la gente usaba redes informáticas. A mediados de la década de 1980, la capacidad de compartir archivos y datos entre ordenadores conectados a una red sin usar dispositivos de almacenamiento físico fue un negocio revolucionario. Aunque puede que no parezca mucho hoy, considere lo siguiente: para compartir un archivo o contenido multimedia con un conocido, primero tenía que almacenarlo en un medio de almacenamiento extraíble y luego llevarlo físicamente a esa persona. El intercambio de archivos era tan importante que las empresas instalaban específicamente una red informática para utilizar esta función.

El intercambio de archivos generalmente implica los archivos a los que las personas necesitan acceder con regularidad. Las hojas de cálculo y los archivos de procesamiento de texto son ejemplos comunes, aunque existen muchos otros. Para habilitar el uso compartido de archivos, el primer requisito es que los ordenadores que requieren acceso compartido estén conectados en una red. Asimismo, debe haber una "unidad compartida" que actúe como un lugar de red para almacenar los archivos y, al mismo tiempo, permitir a los usuarios conectados acceder a estos archivos compartidos en su sistema de forma remota. Para eliminar una repercusión del intercambio de archivos, es decir, que cualquier usuario pueda modificar el contenido del archivo compartido, el sistema debe tener los privilegios de autorización adecuados; lo que significa que no todos los usuarios de una red informática tendrán derechos de administrador que les permitan cambiar los archivos o la unidad compartida. Esto también se conoce como "bloqueo de archivos". Otra razón para el bloqueo de archivos es que los múltiples usuarios que acceden a la unidad compartida o la carpeta no la modifiquen con cambios conflictivos simultáneamente.

Compartir Impresora

La función para compartir impresoras también es de gran importancia y hace que las redes de ordenadores sean aún más útiles. Como sugiere el nombre, compartir impresoras se refiere a compartir los recursos de impresión entre usuarios dentro de una red informática. Si una empresa coloca una impresora en una oficina, entonces es posible compartir la funcionalidad de esta única impresora con todos los empleados de la oficina mediante una red informática. Esto no solo es económico para la empresa, sino también para los usuarios. Dado que la oficina solo requiere una impresora, la empresa puede permitirse el lujo de ofrecer una impresora de alta calidad diseñada para manejar grandes cargas de trabajo. Al implementar una red informática, una empresa puede disfrutar de los beneficios económicos de compartir impresoras.

Ahora veremos algunos detalles de cómo funciona el uso compartido de impresoras. Aunque hay varias formas de compartirlas, el método más común es utilizar una cola de impresión que contenga las solicitudes de impresión de los usuarios en la red informática interconectada. Esta cola garantiza que la tarea de impresión en curso no se vea perturbada por otras solicitudes de impresión entrantes y que la máquina no realice las nuevas tareas de impresión hasta que se complete la tarea actual. Se recomienda este método por su eficacia.

Otra forma de compartir la impresora es permitir que las estaciones de trabajo independientes tengan acceso directo a la misma. La impresora en sí admite una configuración con la que puede conectarse a una red como lo haría una estación de trabajo normal. Si hay una gran demanda de recursos de la impresora compartida, se indica a las estaciones de trabajo independientes que se mantengan en espera hasta que sea su turno. Pero esto no es eficaz.

En el método de cola de impresión, hay un servidor especial conocido como el "servidor de impresión" que automatiza el envío de solicitudes de impresión de acuerdo con sus marcas de tiempo o urgencia. Hay varias formas de configurar un servidor de impresión:

1. Utilizando un servidor de archivos conectado a la red de la impresora.

2. Utilizando una estación de trabajo que ejecute un software de impresión especial y esté conectada a la red y a la impresora. De esta manera, el software se comunica con los ordenadores en la red, tomando sus solicitudes de impresión y enviándolas a la impresora a través del ordenador *host.*

Servicios de Aplicaciones

Esta característica es similar a las dos características que hemos explorado anteriormente, es decir, compartir archivos y compartir impresoras. La función de servicio de aplicaciones permite a los usuarios conectados a una red compartir aplicaciones. Por ejemplo, si una empresa invierte en un software con licencia para que lo utilicen sus empleados, puede aprovechar las redes informáticas para generar copias compartidas de la aplicación en el servidor de red para que otras personas las utilicen. El funcionamiento de esta característica es muy sencillo; una estación de trabajo conectada a una red puede acceder a la aplicación compartida, cargar los archivos de la unidad compartida en la memoria del sistema y ejecutar el programa.

Al usar esta función, la organización también puede ahorrar en almacenamiento efectivo en sus estaciones de trabajo, ya que cada usuario accederá a una carpeta centralizada en un servidor para ejecutar un programa, en lugar de instalar el mismo programa individualmente en cada estación de trabajo.

Otra forma de utilizar esta función es establecer un punto de instalación compartido en un servidor de red. Esto permite a los usuarios que deseen instalar la aplicación acceder a la configuración de instalación directamente desde la red, en lugar de descargarla o utilizar un medio de almacenamiento físico como CD, DVD, etc. Por lo tanto, el usuario puede copiar directamente el contenido de la configuración de instalación del programa en su respectiva estación de trabajo e instalar el programa como de costumbre.

E-mail

No sería exagerado considerar el correo electrónico como una de las formas de comunicación más ingeniosas, convenientes y eficientes que jamás hayan surgido. La función de correo electrónico goza de un uso generalizado en diferentes entornos, ya sea local o profesional. Por fuera parece muy simple, con un sistema de remitente y receptor. Aunque esto es lo más esencial, a continuación, exploraremos la función de correo electrónico en términos más técnicos.

Generalmente, existen dos tipos de sistemas de correo electrónico. Uno es un sistema de correo electrónico basado en archivos, mientras que el otro es un sistema de correo electrónico cliente-servidor. El sistema con el que la mayoría de la gente está familiarizada es el sistema basado en cliente-servidor, pero volveremos a eso más adelante. Primero, descubriremos cómo funciona un sistema de correo electrónico basado en archivos.

Un sistema de correo electrónico basado en archivos se compone de un servidor y un *host* de control conocido como "servidor de puerta de enlace". El servidor define una ubicación de almacenamiento que consta de archivos compartidos y debe proporcionar a los usuarios autorizados acceso a estos archivos. Sin embargo, el manejo de las solicitudes de conexión entre el servidor y un usuario externo cae bajo la jurisdicción del "servidor de puerta de enlace", que en realidad es simplemente un ordenador. Este ordenador ejecuta un software especial conocido como "software de puerta de enlace" para manejar el trabajo que debe ejecutar. La unidad del servidor y el servidor de puerta de enlace son los que conforman el sistema de correo electrónico basado en archivos.

Pero un sistema de correo electrónico basado en cliente-servidor es algo más sofisticado, elegante, poderoso y, lo más importante, seguro. Este sistema de correo electrónico también cuenta con una funcionalidad mayor; por ejemplo, las empresas pueden automatizar el sistema de correo electrónico para generar facturas y realizar compras automáticamente. Si bien, es un hecho que el mencionado sistema debe estar configurado correctamente para hacerlo. El sistema de correo electrónico cliente-servidor consta de un único servidor responsable de gestionar colectivamente las interconexiones de correo electrónico externas e internas en la red. Este sistema también aloja los mensajes. Algunos ejemplos de un sistema de correo electrónico basado en cliente-servidor son Microsoft Exchange y Lotus Notes.

Hasta ahora, hemos analizado estos dos sistemas de correo electrónico principalmente en empresas a gran escala. Sin embargo, la función de correo electrónico es igualmente importante para las empresas y organizaciones de pequeña escala, como las que tienen menos de veinticinco empleados. Para estas empresas, comprar un sistema de correo electrónico completo y mantenerlo es relativamente caro y requiere mucha mano de obra, por lo que el uso de los sistemas de correo electrónico está, generalmente, fuera de su alcance. Sin embargo, existe otra alternativa viable para tales casos. Esto incluye el uso de un sistema de correo electrónico que no esté alojado y mantenido principalmente dentro de la propia organización. Por ejemplo:

- Configurar una conexión compartida con Internet para que todos los empleados que utilizan una estación de trabajo puedan acceder a ella. A continuación, solo tenemos que configurar las cuentas de correo electrónico correspondientes para los usuarios, ya sea a través del ISP o simplemente utilizar un servicio de correo electrónico gratuito y popular como Yahoo!, Hotmail, Gmail, etc.

- Utilizar "Microsoft Windows Small Business Server 2008" como el sistema operativo específico para todas las estaciones de trabajo. Este sistema operativo incluye herramientas útiles basadas en servidor que pueden facilitar la configuración de un sistema de correo electrónico. Lo mejor de todo es que el sistema operativo se incluye de forma nativa con una versión limitada del software "Exchange Server" que se puede utilizar.

- Suscribirse a un buzón de correo de un proveedor de servicios de correo electrónico con altas especificaciones. Las empresas que optan por este enfoque, generalmente, solo tienen que pagar una tarifa mensual que corresponde a la cantidad de buzones de correo que utilicen.

Acceso Remoto

Otra característica beneficiosa de las redes de ordenadores es brindar a los usuarios la capacidad de acceder de forma remota a los recursos de su red específica. La razón por la que esta función es tan importante es que permite a los usuarios superar las limitaciones físicas de una red, lo que significa que no necesitan estar en la oficina o en el edificio donde se encuentra la red. Pueden acceder de forma remota a sus archivos o correos electrónicos, incluso cuando están trabajando fuera de la oficina, como en sus hogares o en un hotel. Aunque el acceso remoto no es una característica sencilla, se puede ofrecer en una variedad de formas. La lista que se muestra a continuación describe varios métodos que pueden servir para configurar y utilizar esta función:

- Usar el sistema operativo Microsoft Windows Server para establecer una conexión RAS (Servicio de acceso remoto). Esta conexión abarca desde una configuración simple, que consta de un solo módem, hasta un sistema ampliado, que involucra varios módems.

- Usar un sistema de acceso remoto configurado exclusivamente para realizar esta función. Tal sistema puede manejar múltiples conexiones simultáneas a la vez, lo que significa que varios ordenadores se pueden conectar fácilmente. Cada ordenador que esté conectado al sistema de acceso remoto usará su propia tarjeta de red.

- Configurar una estación de trabajo con un software de acceso remoto específico (por ejemplo, pcAnywhere y GoToMyPC) a través del cual, los usuarios que deseen utilizar la función de acceso remoto, puedan conectarse.

- Establecer una conexión empresarial a Internet. En este caso, los empleados pueden utilizar la conexión a Internet para acceder a los recursos disponibles en el sistema de red de la empresa. Para asegurar este acceso remoto, la empresa suele implementar una conexión de red privada virtual (VPN).

- Usar una estación de trabajo que ejecute el sistema operativo Windows Server como servidor de conexión. Esto se puede hacer instalando software como Windows Terminal Services. De esta manera, la estación de trabajo será capaz de albergar varias sesiones de cliente, lo que permitirá que varios usuarios obtengan acceso remoto.

Capítulo 5: Puertos y Protocolos de Red Comunes

En el capítulo anterior cubrimos más de la mitad de los temas del contenido de este libro. Ahora es el turno de repasar brevemente y comprender algunos de los protocolos más comunes que encontramos en las redes. Los protocolos de red son bastante complejos. Por ello, reservaremos los detalles más difíciles para la próxima serie de este libro y nos centraremos en los fundamentos para construir una base conceptual básica.

En esta parte del libro nos centraremos principalmente en:

- TCP/IP y Puertos UDP

- Otros protocolos de red, como DNS, DHCP, HTTP, FTP, etc.

TCP/IP y UDP

TCP e IP son dos protocolos que se utilizan a la vez, en armonía entre sí. Las características de cada protocolo son:

1. **TCP:** También conocido como "Protocolo de control de transmisión". TCP opera en la capa de transporte del modelo OSI y, principalmente, se ocupa de gestionar la conexión entre los ordenadores en una red. En un protocolo TCP, los mensajes están "encapsulados" en datagramas IP.

2. **IP:** También conocido como "Protocolo de Internet". IP opera en la tercera capa del modelo de red OSI, es decir, la capa de red. La función principal de este protocolo es definir la forma en que los datos de la red deben dirigirse, desde su origen hasta su destino. IP también define la secuencia en la que los datos deben volver a ensamblarse cuando llegan a su destino.

UDP se conoce como "Protocolo de datagramas de usuario" y básicamente tiene el mismo trabajo que los protocolos TCP/IP, con el único inconveniente de que ofrece funciones limitadas, en comparación con sus compañeros de lista. Aunque los datagramas IP también integran el protocolo UDP, este solo tiene una misión confiada, y es que UDP reenviará los paquetes de datos que no llegaron al destino.

La única ventaja que tiene UDP sobre TCP/IP es que es significativamente más rápido. Sin embargo, ofrece poca capacidad de corrección y verificación de errores. Por lo tanto, UDP es más adecuado para tareas de comunicación de red triviales. Dado que el protocolo UDP no busca errores y simplemente reenvía los datos cuando surge algún error, solo debe usarse para la comunicación de red cuando las características de confiabilidad no son importantes. También puede usarse si la aplicación involucrada en la comunicación de red ofrece su propio manejo de errores y comprobación.

Ya se explicaron los otros protocolos de red en el capítulo 2. Recuerde que son los siguientes:

Sistema de Nombres de Dominio (DNS), que permite a los usuarios acceder a las páginas web con nombres de dominio fáciles de recordar, en lugar de largas direcciones IP numéricas.

Protocolo de Configuración Dinámica de Host (DHCP), para asignar direcciones TCP/IP a los nodos de una red.

Protocolo de Transferencia de Hipertexto (HTTP), que controla la transferencia de datos entre el cliente y el servidor web.

Protocolo de Transferencia de Archivos (FTP), que define el método mediante el cual se envían y reciben los datos del archivo entre el cliente FTP y el servidor FTP.

Protocolo de Transferencia de Noticias por Red (NNTP), utilizado particularmente por los grupos de discusión de Usenet en Internet.

Protocolo simple de transferencia de correo (SMTP), que gestiona el envío y la recepción de correos electrónicos de un servidor de correo electrónico a otro.

Capítulo 6: El Modelo de Redes OSI

La clave fundamental y más importante para comprender las redes informáticas es entender los conceptos del modelo de redes OSI. Aquí es donde comienzan todos los principiantes en tecnologías de la información. El modelo OSI, junto con los protocolos, define la mayoría de los métodos a través de los cuales las computadoras se conectan y se comunican entre sí en una red. Al comprender este modelo de redes, el lector debe entender totalmente las visualizaciones abstractas, ya que esto ayudará a crear una base sólida para el diseño de redes y la ingeniería de soluciones de redes.

El modelo OSI es un retrato preciso y fundamental de cómo funcionan efectivamente las redes en el mundo real. Aunque existen algunas diferencias sutiles entre las teorías y la implementación práctica de la red, la comprensión de este modelo no es algo que uno deba ignorar.

Al asimilar el modelo OSI, estaremos aprendiendo sobre las complejidades de las redes de ordenadores, y el lector podrá finalmente visualizar dicho proceso. Y esta comprensión es la clave del éxito en el campo práctico de la creación de redes. La base de un profesional de redes certificado es tener un conocimiento experto y completo del modelo de redes OSI en sí mismo.

Ya hemos hablado bastante de la importancia del modelo OSI, ahora hablemos de qué se trata. Como sugiere el nombre, el modelo de red OSI es simplemente un marco que define las operaciones y el funcionamiento de las redes modernas. El modelo se divide en siete capas distintas y separadas. Cada capa posee un rasgo conocido como "dependencia sucesiva". Esto significa que las capas superiores del modelo dependen, en gran medida, de las funcionalidades que ofrecen las capas precedentes.

Para entender esto mejor, usemos una analogía. Piense en un sistema de ordenador estándar de escritorio, que normalmente encontraría en su hogar. Los diferentes componentes de este ordenador trabajan juntos, lo que hace que el ordenador en sí sea funcional. Si dividimos dicho ordenador en capas, como en el modelo de red OSI, podemos decir que el componente de hardware se denominará como la "capa más baja". La capa que sucede a la "capa de hardware" sería el sistema operativo junto con los respectivos controladores del sistema. Es obvio que el sistema operativo y los controladores respectivos serían inútiles sin el hardware correspondiente. Por lo tanto, esta capa superior depende de la capa inferior anterior para realizar su función correctamente. De manera similar, esta jerarquía sucesiva se extiende hasta el punto en que una aplicación muestra datos útiles y asimilables al usuario.

Las siete capas del modelo de red OSI son:

8. Capa física

9. Capa de vínculo de datos

10. Capa de red

11. Capa de transporte

12. Capa de sesión

13. Capa de presentación

14. Capa de aplicación

La figura a continuación muestra las capas del modelo OSI en su forma más básica.

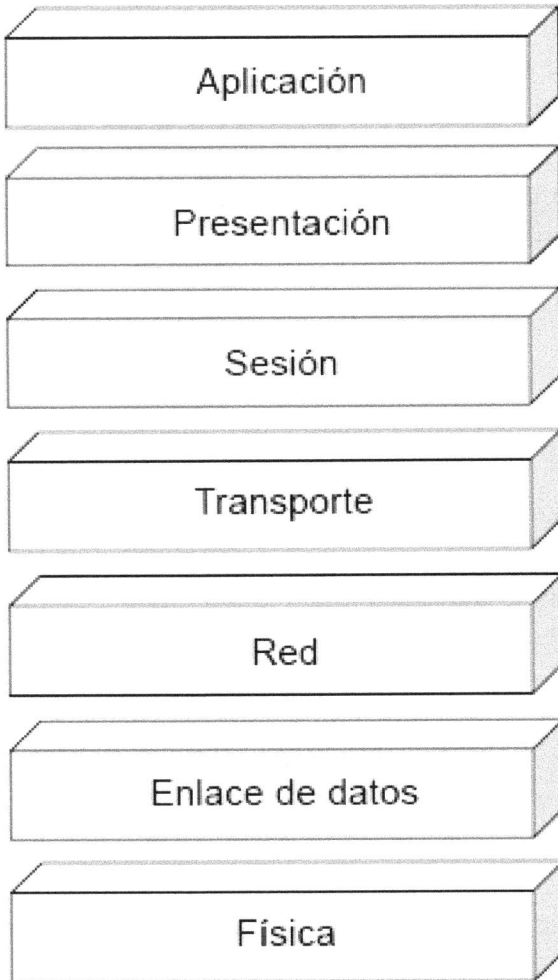

(Capas 1 (Física) a 7 (Aplicación) en el modelo OSI)

Capa 1: La Capa Física

La primera capa del modelo de red OSI es la capa física. Esta capa define, esencialmente, las características de las partes físicas utilizadas en una conexión de red estándar. Por ejemplo, especifica el cable de red, el enrutador, la caja DSI / CSU y otros medios físicos involucrados.

El cable de red transmite el flujo de paquetes de datos (en bits) de un nodo a otro en la red física. Analicemos ahora esta conexión física con un poco más de atención. La conexión de red establecida a través de este cable puede ser en cualquiera de estas dos formas:

- "De punto-a-punto", una conexión de red establecida entre dos puntos.

- "Multipunto", una conexión de red establecida entre varios puntos. Por ejemplo, un solo punto que se conecta a diferentes puntos.

La dirección de transmisión también es un criterio importante en la creación de redes. Esta dirección dicta el orden de transmisión de los datos. Es decir, un paquete de datos puede transmitirse en una dirección cada vez, a través de la red. El remitente transmite los datos y, solo después de haberlos recibido, el receptor puede transmitir paquetes de datos al remitente. Por lo tanto, la transmisión de datos ocurre en direcciones opuestas por turnos. De manera similar, en otro tipo de transmisión de datos en la red, tanto el emisor como el receptor pueden enviar y recibir datos simultáneamente (la transmisión de datos ocurre en ambas direcciones simultáneamente). Estos dos tipos de transmisión de datos se denominan:

1. **Half-Duplex**: los datos se pueden transmitir solo en una dirección a la vez.

2. **Full-Duplex**; los datos se pueden enviar y recibir en ambas direcciones simultáneamente.

La capa física también se encarga de determinar el método de transmisión de los bits en la red. La transmisión de bits en una conexión de red se puede realizar de dos formas, en **serie** o en **paralelo**. Generalmente, la mayoría de las conexiones de red transmiten datos en serie, pero el modelo de red OSI también tiene en cuenta la transmisión paralela de bits.

Para aclarar aún más las características de la capa física, aquí se recoge una pequeña lista de diferentes métricas que generalmente entran en la categoría de esta capa.

- El cable de red utilizado
- El voltaje que transporta el cable de red
- La medida de la sincronización de la señal eléctrica
- La distancia a través de la cual el cable de red admite una transmisión de datos óptima

Capa 2: Capa de Vínculo de Datos

La segunda capa del modelo de red OSI es la capa de enlace o vínculo de datos. Esta capa define los valores que dan significado a los paquetes de datos o bits que se transmiten y reciben por la capa física. La capa de vínculo de datos del modelo OSI une la conexión entre la tercera capa (capa de red) y la primera capa (capa física), definiendo e implementando un protocolo confiable a través del cual la capa de red transmite sus datos (mediante la capa física).

El propósito principal de la capa de vínculo de datos en el modelo OSI (además de vincular la primera y la tercera capa) es realizar una función de revisión de datos. Esta es una forma informal de describir el trabajo secundario que realiza dicha capa.

De acuerdo con los estándares técnicos, la capa de enlace de datos realiza la detección y corrección de errores dentro de los flujos de datos salientes. De esta manera, la red garantiza un flujo de datos confiable y sin errores. Además, la capa de enlace de datos presenta un término conocido como "marcos" que se refiere a los elementos de datos que transporta. Hay varios marcos y algunos de los más utilizados son:

- X.25

- 802.x (incluye redes Ethernet y Token Ring)

En el modelo de red OSI, la capa de vínculo de datos se divide en dos subcapas. Estas dos subcapas son:

1. **Control de Enlace Lógico** (Logical Link Control o LLC)

2. **Control de Acceso al Medio** (Media Access Control o MAC)

De esta forma, las dos subcapas realizan conjuntamente la función principal de la capa de enlace de datos. Esto se traduce en que cada una de las dos subcapas realiza individualmente (por separado) tareas asociadas con la funcionalidad de la capa de vínculo de datos.

La subcapa LLC establece el enlace y lo controla, es decir, se ocupa del establecimiento y la finalización de la llamada, junto con la transferencia de datos. Debido a esto, el modelo OSI es compatible con redes de telecomunicaciones y LAN.

La subcapa MAC, o de control de acceso al medio, maneja la unión y separación de tramas en la red. Se ocupa del direccionamiento, detección y corrección de errores.

Estas funciones enumeradas anteriormente son las que conforman y definen a la capa de vínculo de datos.

A continuación, se detalla una lista de algunos de los protocolos MAC más comunes en la segunda capa del modelo de red OSI:

1. 802.3 protocolo Ethernet

2. 802.5 protocolo Token Ring

3. 802.12 protocolo 100Base-VBG

4. 802.11 protocolo Inalámbrico

5. 802.7 protocolo de Banda Ancha

De entre todos estos protocolos MAC, los protocolos Ethernet y Token Ring son los más comunes en las redes de ordenadores.

Capa 3: Capa de Red

La tercera capa del modelo de red OSI es la capa de red. Esta es la capa donde se realizan la mayoría de las funciones más importantes en relación con la red.

Podemos encontrar varias funciones involucradas en esta capa, pero nos centraremos en los aspectos principales, los que tienen un impacto significativo en el funcionamiento de la red. Generalmente, la capa de red determina el camino o la ruta por la cual el paquete de datos viajará desde un nodo de origen a un nodo de destino en otra red. El trabajo fundamental de la capa de red es definir dicha ruta de una red a otra.

En cuanto a los protocolos utilizados en la capa de red, existen varios, pero los más importantes son:

- Protocolo de Internet (Internet Protocol o IP)

- Protocolo de Intercambio de Internet (Internet Exchange Protocol o IPX)

Estos protocolos contienen información que detalla el enrutamiento de origen y destino de los paquetes de datos. Por lo tanto, cada paquete de datos, al utilizarlos, puede indicarle a la red su destino basándose en la información de enrutamiento del protocolo. Una vez que el paquete de datos llega a su destino, el protocolo también ayuda al ordenador receptor a identificar la fuente de origen del paquete de datos.

La capa de red tiene una gran importancia para definir la transmisión de paquetes de datos desde una configuración de enrutador único o múltiple.

Antes de discutir más detalles sobre esta capa, vamos a concretar el trabajo de los dispositivos de enrutador. Un enrutador es simplemente una pieza de hardware diseñada para:

- Examinar cada paquete de datos

- Transmitir los paquetes de datos a su destino mediante el análisis de la información sobre la dirección de origen y destino

Internet es una red compleja y un paquete de datos que se transmite a través de Internet debe pasar a través de varios enrutadores para poder llegar a su destino. Pero en una red comparativamente más simple y más pequeña, el mismo paquete de datos necesitará atravesar solo unos pocos enrutadores (o ninguno) para alcanzar su destino.

Al analizar la capa de red un poco más en profundidad, podemos llegar a una conclusión interesante. Si la capa de red está separada de la primera capa (física) y la segunda (enlace de datos), nos damos cuenta de que sus protocolos pueden funcionar independientemente de estas dos capas inferiores. Para explicarlo de una forma sencilla, podemos usar los protocolos de esta capa en cualquier variación y usarla de manera efectiva con las capas inferiores sin tener que establecer una cadena de independencia. Por ejemplo, si los ordenadores comparten algo en común con respecto a las dos primeras capas, el protocolo IP y los protocolos IPX pueden establecer una red entre estos dos ordenadores. Si tomamos este concepto y lo aplicamos a un escenario del mundo real, se traduce en que un paquete de datos que usa el protocolo IP puede transmitirse a través de Ethernet, Token Ring o incluso un cable que conecte los ordenadores. Lo mismo se aplica a los paquetes de datos que utilizan el protocolo IPX, con el requisito imprescindible de que los ordenadores soporten dicho protocolo y compartan elementos similares en cuanto a las capas del nivel inferior. En tal escenario se puede establecer una conexión de red.

Capa 4: Capa de Transporte

La principal ocupación de la capa de transporte es mediar el movimiento de datos entre las diferentes capas. Para este propósito, la capa de transporte oculta las características de las capas inferiores a las capas superiores en el modelo OSI. Además de esto, las principales funciones de la capa de transporte incluyen:

- **Control de Flujo:** dirige la transmisión de datos entre el dispositivo emisor y el dispositivo receptor y gestiona la afluencia de datos que experimenta el dispositivo receptor. La capa de transporte se asegura de que el dispositivo receptor no acumule más datos de los que puede procesar.

- **Multiplexación:** divide un canal físico en múltiples canales lógicos, lo que hace posible que varios dispositivos o aplicaciones transmitan datos a través de un canal físico (o enlace).

- **Gestión de circuitos virtuales:** esta función se ocupa de establecer, mantener y terminar los circuitos virtuales en una red.

- **Comprobación y recuperación de errores:** incorpora las aplicaciones de múltiples mecanismos para lograr identificar errores de transmisión de datos e intentar subsanarlos. Por ejemplo, emitiendo una solicitud al dispositivo transmisor para reenviar o retransmitir los datos.

El propósito y la funcionalidad principal de la capa de transporte es, esencialmente, manejar el flujo de información que fluye de un nodo a otro nodo en una red.

A diferencia del resto de capas que hemos comentado hasta ahora, la implementación de la capa de transporte se realiza de forma diferente para cada sistema operativo.

La capa de transporte presenta una serie de protocolos importantes, de los cuales, los dos posteriores se utilizan en conexión con paquetes de datos IP e IPX, respectivamente.

1.   Protocolo de control de transmisión (TCP); utilizado con el Protocolo de Internet (IP)

2.   Intercambio de paquetes secuenciado (SPX); utilizado con el Protocolo de Intercambio de Internet (IPX)

Capa 5: Capa de Sesión

La quinta capa del modelo de red OSI es la capa de sesión. Mediante esta capa, el modelo puede definir la conexión establecida entre dos ordenadores, ya sea en una conexión cliente-servidor o en una relación de conexión "peer-t0-peer". El término "sesión" se utiliza para describir una conexión de red virtual entre ordenadores. Dado que el enfoque principal de la quinta capa del modelo OSI está en estas conexiones, se le denomina "Capa de sesión". La razón por la que el establecimiento de una conexión de red entre dos ordenadores se conoce como "sesión" es que una vez que la conexión se ha establecido, persiste durante un cierto período.

Una sesión básicamente implica negociaciones que tienen lugar entre el cliente conectado y el anfitrión. Los puntos de enfoque en la negociación se enumeran a continuación.

- Control de Flujo

- Proceso de Transacción

- Transferencia de Información de Usuario

- Autenticación de Red

Capa 6: Capa de Presentación

Una de las capas de nivel superior, la capa de presentación, se ocupa principalmente de presentar los datos en una forma que el sistema pueda comprender. La capa de presentación del modelo de red OSI recopila todos los datos suministrados por las capas de nivel inferior para, seguidamente, convertirlos en un formato que el sistema pueda utilizar. Aunque el nombre "Presentación" puede ser confuso, la entrega de datos para que el sistema los entienda fácilmente es tan importante como el sistema que presenta los datos para que el usuario los entienda fácilmente.

La capa de presentación realiza estas funciones:

1. Compresión de datos
2. Descompresión de datos
3. Encriptado de datos
4. Desencriptado de datos

De lo dicho anteriormente podemos deducir que la principal ocupación de la capa de presentación son los datos.

Capa 7: Capa de Aplicación

La última y más alta capa del modelo de red OSI es la capa de aplicación. Si analizamos la naturaleza de la interacción de cada capa con sus respectivos elementos en una red, podemos ver un patrón constante. Las capas en el modelo de red OSI comienzan su interacción con los elementos físicos dentro de una red, es decir, los enrutadores, cables de red, etc. A partir de aquí, las capas se mueven hacia la interacción con características y elementos virtuales, es decir, hacia aspectos inteligentes de la red. Después de esto, el enfoque del modelo OSI en los aspectos virtuales de la red se desplaza hacia la participación de la propia máquina dentro de la red, lo cual es evidente en las dos últimas capas (capas de Presentación y Aplicación).

Continuando con esta línea de pensamiento, podemos llegar a comprender el propósito de la capa de aplicación en el modelo de red OSI y el funcionamiento general de una red que involucra ordenadores. Al hacer esto, podemos analizar las redes de una manera más detallada y completa.

Ahora veamos de qué se trata la capa de aplicación. La principal ocupación de la capa de aplicación es controlar y mediar la interacción de la red con el sistema operativo y las aplicaciones instaladas en este sistema operativo. Define cómo las aplicaciones manejan la comunicación en la que se involucra el sistema cuando se conecta a una red.

Algunos ejemplos de software que se incluyen en la definición de la capa de aplicación incluyen:

- Cliente Windows para Microsoft Networks
- Cliente Windows para Novell Networks

Este software se utiliza normalmente como una aplicación cliente de red en redes informáticas.

Sin embargo, los datos no pasan por el modelo de red OSI en una sola dirección. Pueden subir a través del modelo cuando el ordenador está en el extremo receptor de la red, y pueden bajar cuando el ordenador se encuentra transmitiendo datos a través de la red.

Capítulo 7: Seguridad de Red, Ciberseguridad y Métodos de Piratería

Este capítulo se centra en los conceptos básicos de seguridad y recuperación de la red.

¿Qué Papel Juega la Seguridad de la Red?

La seguridad interna hace posible que una persona proteja su red de las amenazas internas, que son más comunes que las externas.

La seguridad de una red se ve amenazada por los usuarios internos de estas formas:

- Accediendo a registros de nómina y contabilidad, datos de desarrollo comercial y otra información similar de manera ilegal o inapropiada.

- Obteniendo acceso al archivo de otro usuario, que debería haber sido inaccesible para personas ajenas a este.

- Haciéndose pasar por otro usuario, enviando correos electrónicos bajo su nombre para causar daños.

- Ingresando a los sistemas y realizando actividades delictivas que incluyen la malversación de fondos.

- Dejando entrar virus en el sistema, por accidente o deliberadamente.

- Descubriendo las cuentas de usuario y sus contraseñas, ayudado por el rastreo de paquetes.

Se debe tratar de eliminar las amenazas internas de la red mediante una gestión diligente de su seguridad. Entre los muchos usuarios internos, algunos pueden tener la capacidad de perpetrar la seguridad de la red, y algunos de estos usuarios incluso podrían intentar hacerlo.

Seguridad de la Cuenta

En Seguridad de cuentas se realizan diversas tareas para gestionar las cuentas de usuario habilitadas en la red. Para asegurarse de que no existan cabos sueltos, las cuentas deben auditarse frecuentemente por el administrador de las mismas y por otra persona adicional.

La gestión de la seguridad general de la cuenta requiere estos pasos:

- La cuenta de usuario de inicio, denominada "Invitado" en la mayoría de los sistemas operativos de red, debe eliminarse de inmediato. Las cuentas utilizadas para las pruebas, como "Prueba", "Genérica", etc., no deben crearse porque estas cuentas son objetivos fáciles y frecuentes de los atacantes.

- El sistema operativo de la red asigna un nombre predeterminado a la cuenta administrativa. Puede llamarse Administrador en sistemas Windows y Supervisor/Administrador en NetWare. Cambie este nombre pronto para evitar los ataques dirigidos contra la cuenta.

- Saber cómo eliminar el acceso a los recursos de red desde cualquier cuenta de usuario y verificar los recursos de red que contienen sus sistemas de seguridad. Por ejemplo, los sistemas operativos de red y las aplicaciones específicas, como los servidores de bases de datos o los sistemas de contabilidad, se encargan de la gestión de las cuentas de los usuarios. Algunos sistemas no niegan el acceso a cuentas desactivadas o eliminadas, a menos que cierren la sesión del sistema, lo que puede amenazar la seguridad. Es necesario descubrir cómo gestiona el sistema las cuentas eliminadas.

- Establecer una relación de confianza mutua y trabajar en estrecha colaboración con las personas adecuadas en el departamento de Recursos Humanos (RR.HH.) es esencial para mantener la seguridad necesaria. Al cooperar con el personal de recursos humanos, podría trabajar en los problemas de seguridad relacionados con los empleados salientes y hacer una lista de control para los cambios de empleo que afectan a tecnologías informáticas. Es posible que el departamento de recursos humanos no le proporcione avisos por adelantado, pero debe conocer las salidas de empleados de inmediato para tomar las medidas adecuadas a tiempo.

- Intente proporcionar a los nuevos usuarios un programa en el que puedan enviar sus permisos asignados y que su supervisor los revise y apruebe. Este paso elimina cualquier posibilidad de que estos usuarios obtengan acceso a información confidencial.

Seguridad de la Contraseña

La seguridad de la contraseña es un aspecto importante de la seguridad de la cuenta, que le permite establecer políticas que controlen el período de tiempo dentro del cual el sistema obliga al usuario a cambiar sus contraseñas, la complejidad y longitud de estas contraseñas y si las contraseñas antiguas se pueden reutilizar.

Las políticas de seguridad de contraseñas deben incluir al menos estas sugerencias:

- Asegúrese de que los usuarios cambian sus contraseñas de red cada noventa a ciento ochenta días a través de la configuración de la política de contraseñas de red. Aunque se recomiendan treinta días, puede considerarse demasiado frecuente para algunos entornos.

- La "política de reutilización" debería evitar que los usuarios reutilicen una contraseña anterior durante al menos un año.

- Establezca el requisito de que las contraseñas tengan al menos ocho caracteres. Si la contraseña que se establece no distingue entre mayúsculas y minúsculas y no permite el uso de caracteres especiales, las posibles variaciones de dicha contraseña son casi 368 (tres billones). Para las contraseñas que distinguen entre mayúsculas y minúsculas, las posibilidades aumentan hasta 628 (218 billones). Si en las contraseñas se pueden utilizar caracteres especiales como espacio, coma, asterisco, punto, etc., las posibles variaciones aumentan aún más.

- Se debe animar a los usuarios a usar contraseñas que no signifiquen una palabra en ningún idioma o que, al menos, inserten números y otros caracteres no alfanuméricos entre las letras de la palabra. De esta forma, un ataque de diccionario iniciado por programas de descifrado de contraseñas fallará. Los caracteres de mayúsculas y minúsculas deben usarse siempre que la red admita contraseñas de mayúsculas y minúsculas.

- Se deben activar las políticas que observan y detectan numerosos intentos de contraseña incorrectos. Esta política a menudo se denomina detección de intrusos. Controla si se han producido demasiados intentos incorrectos de ingresar la contraseña en un período de tiempo determinado y evita nuevos intentos, bloqueando la cuenta. La cuenta bloqueada solo se puede volver a abrir hablando con el administrador para restablecer la cuenta. Este caso, generalmente, se da cuando las personas olvidan sus contraseñas, pero esta política mantiene bajo control cualquier intento malicioso de adivinar la contraseña y obtener acceso a la cuenta.

• Los servidores Novell NetWare y Windows pueden establecer límites en la cantidad de tiempo que un usuario puede iniciar sesión en la red y restringir a determinados usuarios a determinados equipos de la red. Imponer estos límites a todos los usuarios sería demasiado excesivo, no obstante, es esencial restringir la cuenta administrativa al menor número posible de estaciones de trabajo diferentes.

De acuerdo con el Catch-22 de las políticas de seguridad de la red, hacer que las políticas sean demasiado estrictas puede reducir la seguridad de la red. Por ejemplo, si las políticas de seguridad de las contraseñas requieren que el usuario use una contraseña de 12 caracteres, la cambie una vez a la semana y no pueda reutilizar una contraseña anterior, la mayoría de los usuarios no podrán recordar las contraseñas cambiantes. Lo anotarán en algún lugar de la oficina, con el riesgo de que lo descubran. Para fortalecer la seguridad de la red, se debe mantener un equilibrio entre seguridad y usabilidad.

Permisos de Archivos y Directorios

La seguridad interna también implica el mantenimiento y control del acceso de los usuarios a archivos y directorios. La configuración relacionada con esta seguridad es más difícil que administrar las cuentas de usuario porque cada usuario de la red tiene al menos 20 directorios y cientos de archivos, y administrar esta cantidad es complicado. Para facilitar esta tarea, la clave es seguir los procedimientos regulares y realizar auditorías periódicas de determinadas partes del árbol del directorio que contienen información confidencial. Al estructurar eficazmente los directorios generales de la red, se les pueden asignar permisos a los niveles superiores que "fluirán hacia abajo" automáticamente y facilitarán la identificación de los usuarios que tienen acceso a directorios específicos.

La configuración relacionada con la asignación de permisos en archivos y directorios es bastante flexible en los sistemas operativos de red. Se pueden habilitar varios tipos de roles para diferentes usuarios a través de permisos integrados. Los roles que se mencionan a continuación describen la capacidad autorizada de lo que el usuario puede hacer en el directorio:

- **Solo Crear:** Esta función le da al usuario la capacidad de crear y agregar nuevos archivos al directorio y evita que el usuario acceda, modifique o elimine archivos que ya existían, incluidos aquellos que creó. Con la ayuda de esta función, los usuarios obtienen permiso para incluir nueva información en un directorio al que no deberían tener acceso de otra manera. Esta función hace que el directorio funcione como un buzón de correo en el que solo se pueden colocar cosas nuevas y solo otra persona tendrá acceso completo al contenido.

- **Solo Lectura:** Esta función permite a los usuarios ver los archivos en el directorio. La función de solo lectura permite a estos usuarios ver y leer la información de los archivos, sin realizar ningún tipo de cambio. Los usuarios pueden copiar dichos archivos a través del privilegio de lectura en otra ubicación o directorio, lo que les permite realizar cambios.

- **Cambio:** Esta característica le da al usuario bastantes privilegios en cuantos a los archivos en el directorio.

- **Control Total:** Esta función está limitada al propietario del directorio, el cual puede realizar cualquier alteración en los archivos y también puede otorgar acceso a cualquier otro usuario que desee.

Estas características se diseñan de forma diferente para cada sistema operativo de red.

La seguridad para archivos específicos también se puede configurar de forma similar a la configuración de permisos para directorios. Los permisos asignados, tanto en archivos como en directorios, tienen un funcionamiento similar. La capacidad de un usuario para leer, modificar o eliminar un archivo se puede controlar para archivos específicos, y los permisos de archivos generalmente anulan los permisos de directorio. Este concepto se puede entender considerando que un usuario tiene acceso para cambiar los archivos en el directorio. Aun así, una vez que el permiso se establece como de solo lectura para los archivos en ese directorio, el usuario asolo podrá acceder a dicha función.

Prácticas y Educación del Usuario

Las personas que utilizan la red son parte del motivo de la inseguridad y las amenazas internas. Para asegurarse de que la red permanezca segura y protegida a pesar de las amenazas, es esencial desarrollar prácticas y hábitos de seguridad efectivos.

Además de desarrollar e implementar una buena práctica o esquema de seguridad, también es imperativo administrarlo regularmente, estableciendo un proceso para asegurar que los empleados sigan los procedimientos diariamente. Un procedimiento simple y comprensible de fácil seguimiento es mucho mejor que el procedimiento excelente y complejo mal seguido. Por lo tanto, el diseño general de la seguridad de la red debe simplificarse y al mismo tiempo mantenerse en consonancia con las necesidades de la empresa.

Se debe posibilitar que todos los usuarios sigan procedimientos prudentes. Estos procedimientos se pueden aplicar personalizando la configuración disponible en el sistema operativo de la red, pero también es necesaria la educación de los empleados sobre la importancia de la seguridad interna. Para ello se recomienda seguir las siguientes pautas:

- Informar a los usuarios de las condiciones básicas que deben seguir en relación con la seguridad de la red y proporcionarles un documento que contenga los detalles de la seguridad y su papel para preservarla. Las pautas en el documento para el usuario podrían ser: elegir una contraseña segura y no divulgarla, tener cuidado de no dejar sus ordenadores conectados a la red desatendidos durante mucho tiempo y no instalar software de ningún otro lugar que no sea la empresa.

- Hablar sobre los problemas de seguridad de la red con los empleados recientes.

- Examine la cultura de la empresa y, en función de ella, considere hacer que los usuarios firmen un formulario que reconozca la comprensión de los procedimientos de seguridad que deben seguir.

- La auditoría de las acciones de los usuarios relacionadas con la seguridad debe realizarse a ciertos intervalos y, si algunos tienen acceso de control total al directorio, controle cómo asignan permisos a otros usuarios.

- Revise los registros de seguridad en el sistema operativo de la red de vez en cuando y, si ocurre algún problema, investíguelo correctamente.

Los procedimientos de seguridad de la red se diseñan e implementan teniendo en cuenta el peor de los casos. Aun así, la mayoría de las veces, los problemas de seguridad ocurren debido a un error inocente o ignorancia en lugar de una intención maliciosa.

Conocer las Amenazas Externas

La seguridad externa se ocupa de proteger el sistema de red de amenazas externas. Antes de que Internet entrara en uso, los procedimientos relacionados con la seguridad externa eran fáciles de administrar porque las redes usaban solo módems externos para conectarse a la red. Pero la conectividad a Internet extendida por todo el sistema aumenta la importancia de la seguridad externa y también la dificultad para administrarla.

Mientras la red esté conectada a Internet, nunca podrá ser segura. Las técnicas que desarrollan los *crackers* para superar la seguridad de una red se implementan a través de Internet. Las amenazas externas que enfrenta una red se desarrollan tan rápidamente que, si se escribiera un libro sobre todas las amenazas actuales para una red, estaría desactualizado desde el mismo momento de su impresión.

Las tres amenazas de seguridad externas básicas son:

- **Amenazas de puerta principal:** Si una persona externa inicia sesión en la red adivinando o descifrando la contraseña de uno de los usuarios internos, surgen amenazas a la seguridad del sistema denominadas amenazas de puerta principal. En este caso, puede que el intruso haya conseguido perpetrar la red debido a tener una conexión con la empresa o una relación personal con alguien que usa la red.

- **Amenazas de puerta trasera:** Surgirán amenazas de puerta trasera si hay errores en el software o hardware del sistema operativo de la red. Los *crackers* se aprovechan de estos errores y violan la seguridad de la red a través de ellos, para luego dirigirse hacia la cuenta administrativa y finalmente tomar el control del sistema. Estas amenazas también pueden surgir si los errores se programan intencionalmente en el software del sistema.

- **Denegar el servicio (DDoS):** El ataque DDoS puede negar el servicio a toda la red. Algunos ejemplos incluyen hacer que los servidores se bloqueen por acciones específicas y aumentar el tráfico de Internet por datos inútiles, como solicitudes de ping de inundación.

Para contrarrestar el problema de las amenazas de seguridad externa se pueden tomar varias medidas. Es posible que no sean totalmente eficaces contra algunos atacantes, pero sin duda pueden hacer que la mayoría de los *crackers* se rindan.

Amenazas de Puerta Principal

La amenaza más común son las amenazas de puerta principal, donde la persona externa obtiene acceso a una cuenta de usuario en la red. Algunas formas de amenazas de puerta principal incluyen un ex empleado disgustado que tuvo acceso a la red tiempo atrás, o un extraño que adivinó o descifró la contraseña de una cuenta de usuario válida en la red o la obtuvo del usuario original de esa cuenta.

Los usuarios internos actuales o despedidos constituyen una amenaza para la seguridad porque tienen ciertas ventajas en comparación con los *crackers* habituales. Ya conocen la información crucial necesaria para el descifrado, como los nombres de usuario importantes a los que dirigirse, las contraseñas de otros usuarios durante el tiempo que estuvieron trabajando juntos, la estructura de la red y los nombres de los servidores.

Teniendo esto en cuenta, la seguridad interna y externa están interconectadas, por lo que, si se utilizan las políticas y prácticas relacionadas con la seguridad interna, las amenazas de entrada se reducen en gran medida.

Si los recursos de red a los que se puede acceder desde la LAN se mantienen separados de aquellos a los que nunca se debe acceder desde fuera de la LAN, el riesgo de amenazas de entrada disminuye considerablemente. Si se proporciona al servidor de contabilidad acceso de usuario externo, es posible manipular la configuración para que no se pueda acceder al sistema desde fuera de la LAN.

Los recursos de la red se pueden separar y categorizar según la autorización para acceder a estos recursos.

- El acceso a la LAN desde el exterior debe ser controlado y otorgado solo a un tipo específico de personas que lo necesiten entre los usuarios que viajan o residen en el hogar. Estos usuarios acceden a la LAN de forma remota a través de Internet cuando ejecutan el software VPN para ellos.

- Si los usuarios necesitan acceder a la LAN de forma remota, considere crear cuentas de acceso remoto para ellos, además de sus cuentas de usuario normales, y configúrelas para que sean más restrictivas que las cuentas de LAN normales. Este método no es práctico en general, pero la estrategia utilizada en él puede resultar útil, especialmente para los usuarios con amplios permisos de seguridad de LAN en condiciones normales.

- La función de devolución de llamada se debe utilizar para los usuarios que se conectan a los módems desde una ubicación fija (como sus hogares). En esta función, el número de teléfono del sistema de los usuarios desde el que marcarán está documentado de forma segura. Para conectarse al módem, marcarán el número del sistema y solicitarán acceso. El sistema de acceso remoto finaliza la conexión y marca el número de teléfono grabado de ese usuario. En ese momento, el ordenador del usuario toma la llamada y establece una conexión. De esta forma, la función de devolución de llamada evita el acceso al sistema si el número de teléfono de marcación difiere del registrado.

● Una vez que los usuarios con amplio acceso al sistema abandonan la empresa o son despedidos, examine las cuentas de usuario para identificar aquellos cuyas contraseñas son conocidas por el ex empleado. Después de que los empleados se vayan, considere cambiar las contraseñas de dichas cuentas de inmediato.

Las personas que no tengan ningún tipo de asociación con la empresa a menudo probarán un método indirecto denominado *ingeniería social*. Según esta técnica, utilizarán un procedimiento no tecnológico para recopilar información dentro de la empresa, incluidas las cuentas de usuario y las contraseñas. La ingeniería social es más eficaz en las grandes empresas, donde los empleados rara vez se conocen entre sí. Un ejemplo de esto es cuando un usuario recibe una llamada de un extraño que se hace pasar por el administrador de la red y le solicita que proporcione su contraseña temporalmente para poder rastrear cierto problema. Otro método de la técnica de ingeniería social consiste en buscar en los documentos y registros de la basura información que pueda ayudar al potencial intruso a descifrar una contraseña. Para evitar tales amenazas, los empleados deben recibir instrucciones especiales y ser prudentes al dar información por teléfono, ya que el personal de TI generalmente no solicita la contraseña de nadie.

Amenazas de Puerta Trasera

La principal causa de las amenazas ocultas o de puerta trasera son los problemas y errores que existen en el sistema operativo de la red o en alguna otra parte de la infraestructura de la red (como los enrutadores). Los cabos sueltos de seguridad son un problema que persiste en todos los sistemas operativos y componentes de la red. Puede tratarse eficazmente manteniendo el software y los parches relacionados con la seguridad actualizados.

Los servidores web deben protegerse de estas formas:

- Si aloja el sitio web asociado con su empresa en el sistema de un proveedor de servicios de Internet (ISP) en lugar de su red, el servidor se vuelve más seguro. Los puntos positivos del servidor externo incluyen una mayor disponibilidad para el servidor (proporcionando servicios 24/7) y seguridad avanzada. Otro punto es que la preocupación relacionada con permitir o no permitir conexiones LAN a la red desde el exterior se vuelve irrelevante.

- Asegúrese de configurar e implementar un *firewall* sólido para la red del sistema. Será aún mejor si lo prueba alguien familiarizado con el funcionamiento de ese *firewall* o que haya ayudado con la configuración. Mantenga actualizado el software del *firewall*.

- Investigue la configuración de seguridad relacionada con el servidor web que se está utilizando y confirme que esté implementada correctamente. Al auditar estas configuraciones de seguridad periódicamente, el servidor web y la red permanecen seguros.

- Para las personas que acceden al servidor web desde fuera de la empresa, cree un servidor al que se pueda acceder desde fuera del *firewall,* o más concretamente, entre el *firewall* y el enrutador de Internet (zona desmilitarizada). Este método de seguridad crea un obstáculo para los *crackers* que invadan el servidor web y les hará pasar un mal rato si intentan violar la red.

- Los correos electrónicos son la forma de comunicación más peligrosa porque pueden estar infectados por virus y programas troyanos. Si el tráfico de correo electrónico no se monitorea cuidadosamente, estos pueden infiltrarse en la red de la empresa. Esta amenaza se previene utilizando un software de detección de virus en el servidor de correo electrónico y actualizando las firmas de virus con regularidad.

Amenazas DDoS

Otro tipo de amenaza para la red del sistema es la amenaza DDoS (Denegación de servicio distribuida), por la cual los usuarios legítimos de la red no pueden obtener los recursos de la red porque se les niega el acceso. Funciona de dos maneras, la primera es inundando la red con tráfico inútil para que el servidor (como un servidor de correo electrónico) niegue los servicios a los usuarios legítimos o simplemente se bloquee bajo la gran carga de tráfico. La otra forma requiere aprovechar los errores existentes en el software de la red para bloquear el servidor.

La prevención de amenazas DDoS incluye:

- Verificar y confirmar si el software de la red está actualizado y al día.

- Configurar el *firewall* de manera que permita al usuario deshabilitar el servicio de tráfico del Protocolo de mensajes de control de Internet (ICMP) para que el tráfico y las solicitudes de ping no se permitan en la red.

- No permitir que personas ajenas a la LAN accedan a los recursos y servidores de la red a los que no deberían acceder. Por ejemplo, el sistema de contabilidad de una empresa se vuelve inaccesible para quienes están fuera de la LAN porque no lo necesitan. Por lo tanto, el *firewall* o el enrutador de filtrado de paquetes se configuran para que se niegue el tráfico que proviene y sale de la dirección IP del servidor.

Amenazas y Ataques Potenciales

En el mundo de la informática existe una amplia variedad de software malicioso y la lista sigue creciendo. Algunos se enumeran a continuación:

• **Virus:** Un virus informático es un código o programa capaz de copiarse a sí mismo y propagarse al infectar numerosos archivos, como archivos de aplicaciones y programas COM, EXE y DLL. Los archivos de documentos para aplicaciones como Microsoft Word y Excel propensos a ataques de virus admiten lenguajes de macros, que son lo suficientemente sofisticados como para permitirlo. Los archivos de datos, como los archivos de imágenes JPEG, también corren el riesgo de ser atacados por estos virus.

• **Gusanos:** El programa gusano funciona enviando una copia de sí mismo a otros ordenadores, que lo propagan a diferentes ordenadores después de ejecutarlo. Últimamente, los sistemas de correo electrónico han sido víctimas de gusanos adjuntos a los *emails* en un mensaje atractivo. Si el usuario del correo electrónico abre el archivo adjunto, las copias del gusano se distribuyen a otras personas presentes en la libreta de direcciones de correo electrónico del usuario. Esta acción se lleva a cabo sin el conocimiento del usuario, y los receptores del gusano se enfrentan a la misma situación. De esta manera, los gusanos se propagan como la pólvora por Internet a través del servidor de correo electrónico en tan solo unas horas.

• **Caballos de Troya:** El caballo de Troya es un programa engañoso que pretende hacer algo significativo o de interés para el usuario, pero lleva a cabo actividades maliciosas en segundo plano durante el período en que el usuario está ocupado interactuando con el programa principal.

• **Bombas Lógicas:** Las bombas lógicas son piezas de código de programación maliciosas agregadas al programa normal por el autor original o por una persona involucrada en el desarrollo del código fuente. Están configurados para activarse después de un cierto período de tiempo, después del cual eliminan archivos clave y realizan otras acciones maliciosas.

Con cada día que pasa, la ya enorme cantidad de virus aumenta aún más. Un requisito importante de la administración de la red es establecer prácticas para hacer frente a estos virus.

El antivirus se ejecuta en ordenadores en línea y monitorea las actividades del *software* para buscar posibles amenazas de virus. Si el antivirus descubre una entidad de virus, protege la red eliminando el virus del archivo original mientras lo mantiene intacto, y lo pone en cuarentena o lo bloquea hasta que un administrador lo verifica.

El antivirus puede ejecutarse en la mayoría de ordenadores en línea, incluidos los de escritorio, los servidores de archivos, los servidores de correo electrónico, los servidores de impresión y los *firewalls* computarizados. Los tres proveedores de antivirus más destacados son Symantec (Norton Antivirus), Trend Micro (PC-cillin) y Network Associates (McAfee VirusScan).

La opción más adecuada es asegurar que el antivirus se esté ejecutando en todos los servidores, así como personalizar la configuración para que su software se actualice automáticamente.

Dado que los servidores de correo electrónico corren un mayor riesgo de sufrir ataques de virus, se recomienda encarecidamente asegurarse de que se esté ejecutando el software antivirus en ellos. Los virus recién creados asociados con los correos electrónicos pueden propagarse por todo el mundo en cuestión de horas, por lo que, si configura la actualización de las firmas de virus cada hora, es probable que obtenga una actualización de virus necesaria antes de que ataque su red.

También se recomienda ejecutar el antivirus en las estaciones de trabajo, pero depender solo de este software para evitar ataques de virus no es lo más adecuado. No debe considerarse una forma principal de tratar los virus, sino un complemento del software basado en servidor.

Conceptos Básicos de Piratería y Diseño de Redes

En esta sección, trataremos sobre el diseño de redes y los conceptos básicos de la piratería. El diseño de redes es un trabajo muy importante que pueden realizar los profesionales de redes. Diseñar una red desde cero lleva mucho tiempo, es estresante y es un trabajo muy delicado. Sin embargo, a cambio de tales esfuerzos y responsabilidad, la red resultante construida para la empresa se adapta específicamente a sus necesidades. Esto permite que la empresa trabaje y funcione de manera eficiente mientras usa una red. Aunque el diseño de redes puede parecer intimidante al principio, el proceso y la filosofía detrás de él son realmente simples y sencillos una vez que se dominan.

Por último, sentaremos las bases para la piratería simple utilizando el sistema operativo Linux y hablaremos brevemente sobre el proceso de la cadena de exterminio o *kill chain*, que incluye reconocimiento, explotación y demás. Sin embargo, tenga presente que cubrir las características de la piratería, incluso las más básicas, está fuera del alcance de este libro. En cambio, nos centraremos en los aspectos principales.

El Proceso de Diseño de Redes

El diseño de redes no sigue un procedimiento científico, ni es una ciencia exacta. Es por eso que conseguir que todo sea correcto en el primer intento de diseñar una red es prácticamente imposible, ya que cada red tiene sus propias necesidades y demandas específicas que deben cumplirse. La prominencia y la excelencia en esta tarea provienen de la experiencia y la práctica. Sin embargo, el truco para diseñar una buena red es estimar las necesidades de la red y luego tratar de satisfacer estas necesidades lo mejor que se pueda.

El proceso de diseño de redes no es universal. Varía de persona a persona. Algunos procesos son simples y fáciles, y algunos procesos son tremendamente complicados. En este capítulo, aprenderemos sobre un proceso de diseño de red moderadamente completo, pero muy simple. Existen dos pasos para este proceso:

1. Evaluar las necesidades de la red

2. Satisfacer las necesidades de la red

Evaluación de las necesidades de la red

Evaluar las demandas y necesidades específicas de una determinada red es lo que permitirá configurar un buen diseño de red. Antes de considerar las características del diseño de la red, como los cables de red, la topología, el sistema operativo, etc., primero debemos tener en cuenta el objetivo que tendrá dicha red. En el proceso de diseño de redes, la evaluación de las necesidades de la red debe recibir la misma atención o incluso más que el resto de procedimientos y pasos a realizar.

En este punto hay cuatro preguntas que pueden ayudarnos a obtener la información necesaria para llevar a cabo este proceso:

- ¿Cuánto espacio de almacenamiento necesitamos?

- ¿Cuánta capacidad de ancho de banda necesitamos?

- ¿Cuáles son los servicios de red necesarios en esta configuración?

- ¿Cuál es el presupuesto máximo para la instalación de la red?

Después de responder estas preguntas, obtendremos la mayoría de las demandas de la red. Estas cuestiones proporcionan una guía sobre cómo abordar el proceso de diseño de la red mediante la evaluación de sus necesidades.

Aplicaciones

Un enfoque productivo para evaluar las necesidades de la red es analizar dichas necesidades desde el punto de vista de las aplicaciones que deben ejecutarse en la red. Una buena red se define por su productividad y capacidad para ayudar a sus usuarios y el diseño de dicha red está directamente relacionado con la estimación precisa de su utilidad. La mayoría de los usuarios de la red utilizarán aplicaciones de software. Por lo tanto, es muy importante asegurarse de que la red admita estas aplicaciones.

Veremos que algunas aplicaciones son comunes entre los diferentes departamentos de una empresa, mientras que otras son específicas para un determinado departamento o un determinado usuario. Aquí hay una lista de algunas aplicaciones habituales que se instalan por defecto para todos los usuarios en una red.

- Un procesador de textos
- Un programa de hoja de cálculo
- Base de datos para el usuario
- Un programa de presentación gráfica
- Aplicación de correo electrónico
- Software antivirus

Después de enumerar las aplicaciones instaladas para cada usuario, la persona que diseña la red debe determinar cómo se utilizarán estas aplicaciones y con qué frecuencia se accederá a ellas. Por ejemplo, en una empresa de más de 1.000 empleados, probablemente, más del 90% de la plantilla utilizará un procesador de texto. Después deberíamos calcular la cantidad de documentos creados por cada usuario por mes, el tamaño promedio del documento y el tiempo promedio de almacenamiento de cada documento (generalmente con fecha de 2 años o indefinido). Al hacer estas conjeturas o predicciones, podemos estimar la demanda de los usuarios de la red en función del tamaño promedio de los documentos, si desean transferir dichos documentos a través de la red. Bastaría con repetir este proceso de estimación para el resto de aplicaciones. Al hacer esto, terminaremos con una suposición segura de cuál es la capacidad de almacenamiento y ancho de banda requerida para la red.

Una vez que hayamos terminado con las aplicaciones comunes, pasamos al departamento y a las aplicaciones específicas del usuario. Para las empresas nuevas, este paso es relativamente difícil. La persona que diseña la red no tendrá conocimiento de las aplicaciones utilizadas por los departamentos, a menos que se le informe al respecto. Por el contrario, para las empresas que existen desde hace un tiempo, el diseñador de red ya conocerá estas aplicaciones específicas que la red debe admitir. Es muy importante conocer el impacto de cada aplicación departamental, ya que puede tener un efecto considerable en la red. Por ejemplo, un departamento relacionado con la contabilidad probablemente girará en torno a archivos de base de datos compartidos. El diseño de red para tal sistema debe diferir del diseño estándar cliente-servidor.

A continuación, se incluye una lista de algunas de las categorías más comunes de aplicaciones departamentales.

- Contabilidad
- Control de distribución e inventario
- MRP o planificación de necesidades de material
- Tecnologías de la información
- Comercio electrónico
- Recursos humanos
- Administración de nóminas y stock
- Publicación

- Marketing
- Legal

Evaluar estas categorías específicas de aplicaciones se realiza del mismo modo que la evaluación de las aplicaciones comunes.

Usuarios

Una vez que hayamos terminado con la estimación de las aplicaciones que la red debe admitir, podemos ocuparnos de evaluar la cantidad de usuarios que la red debe admitir, junto con las aplicaciones utilizadas por cada usuario. Evaluar el total es relativamente fácil. La propia empresa puede proporcionar esta información, o puede inferirla de sus planes comerciales y del presupuesto a largo plazo.

Al diseñar una red, también se debe tener en cuenta la capacidad de crecimiento de la empresa, es decir, la red debe ser capaz de soportar nuevos usuarios que se unan a la empresa en los años posteriores. La tasa de crecimiento de la empresa se puede incluir en el diseño de la red como una demanda más.

Además de estimar la cantidad de usuarios que utilizarán la red, también debemos tener en cuenta algunas preguntas importantes sobre sus perfiles de usuarios. Son las siguientes:

- **El requisito de ancho de banda:** además del uso normal de los servicios de red, ¿algún usuario tiene requisitos importantes de ancho de banda?

- **Requisito de almacenamiento:** ¿hay usuarios con requisitos de almacenamiento importantes además del requisito general de la mayoría? Por ejemplo, si el departamento de imágenes electrónicas necesita catalogar muchos documentos en un formato de archivo de imagen en el servidor de la red, ¿cuántos usuarios necesitarán acceder a estos datos catalogados?

- **Requisito de servicio:** ¿hay usuarios en la empresa que necesiten acceso a servicios de red adicionales que la mayoría de los usuarios normalmente no necesitan? Esta pregunta puede estar relacionada con un grupo en una empresa que se ocupe de datos confidenciales y deba dividirse del resto de los grupos en la red de área local mediante un firewall de red.

Servicios de red

Al diseñar la red se debe considerar la gama de servicios de red. Para diferentes empresas, el requisito de servicios de red también es diferente. Por ejemplo, si una empresa requiere una configuración de red simple, es posible que solo necesite servicios simples, como servicios de archivos e impresión, junto con un servicio de conectividad a Internet. Pero una configuración de red compleja incluirá muchos otros servicios de red. Aquí hay una lista de los servicios de red que deben tenerse en cuenta al diseñar una red para la empresa.

- Servicios de archivo e impresión
- Servicios de copia de seguridad y restauración
- Conectividad a Internet
- FTP y telnet
- Navegación web y servicios de correo electrónico externos
- Seguridad en Internet
- Servicios de acceso remoto
- Servicios DHCP
- Servicios antivirus centralizados
- Servicios WAN a otros lugares
- Servicios de transmisión

- VoIP

Hay tres aspectos principales que debe conocer para cada uno de los servicios de red.

1. El almacenamiento y el ancho de banda que necesita cada servicio.

2. Conocer la forma en que se prestarán estos servicios a los usuarios y conocer el servidor que albergará estos servicios. Es necesario configurar cada servidor.

3. El requerimiento del servicio de red de los usuarios o grupos de la empresa. Algunas veces la empresa no requerirá que todos los servicios de red estén disponibles para los usuarios. Otras veces, habrá usuarios o grupos dentro de la empresa que necesitarán acceso a servicios de red específicos, a diferencia de la plantilla general.

Satisfacer las Necesidades de la Red

Una vez que hayamos terminado con la evaluación de los requisitos de la red, el siguiente paso es asegurarse de que se cumplan estos requisitos. Este punto del proceso de diseño de la red depende básicamente de la experiencia y el ingenio de la persona a cargo del diseño. No hay una serie definida de pasos que, cuando se sigan, nos darán una respuesta definitiva sobre qué hacer. En cambio, será necesario mapear toda la red para pintar un esquema de cómo será dicha red. La base de este esquema será la información que se haya desprendido de la evaluación del diseño de la red. Otra buena práctica es buscar comentarios de profesionales de redes que tengan mucha experiencia en este campo. Recopilar consejos de diferentes críticos e implementarlos en su diseño puede ser la receta para un diseño de red exitoso.

Los Fundamentos de la Piratería: el Proceso de la Cadena de Exterminio (*Kill Chain*)

El objetivo principal de la piratería suele ser penetrar en una red o en una cuenta de usuario. Esto último es más simple porque existen varias técnicas para *hackear* o piratear la cuenta de alguien, como usar un ataque de fuerza bruta. En este libro, analizaremos la piratería relacionada con el *hackeo* de una red. Sin embargo, no podemos cubrir todos los aspectos relacionados con la piratería porque se podría escribir un libro completo solo con abordar este tema. Por lo tanto, solo analizaremos el proceso principal de la piratería, es decir, el proceso de la cadena de eliminación de la ciberseguridad.

Un proceso de cadena de eliminación de ciberseguridad tiene ocho pasos esenciales y estos son:

1. Reconocimiento

2. Intrusión

3. Explotación

4. Escalada de privilegios

5. Movimiento lateral

6. Ofuscación

7. Negación de servicio

8. Exfiltración

Estos ocho pasos son las etapas centrales y fundamentales de un ataque de intrusión por parte de un *hacker*. No importa qué tipo de ataque desee lanzar en una red, ya sea un ataque interno o externo, debe seguir estas ocho fases para tener éxito en la piratería.

Fase 1: Reconocimiento

La primera fase del proceso de la *kill chain* o cadena de exterminio es recopilar información sobre el objetivo. En esta etapa, el trabajo del pirata informático es simplemente observar el objetivo e investigar sobre él a través de recursos en línea. El atacante puede buscar en las páginas de redes sociales de la empresa a la que quiere dirigirse o buscar información sobre los empleados de la empresa en sus cuentas de redes sociales. En la actualidad, investigar un objetivo es relativamente fácil con tantos recursos a disposición del *hacker*. Un atacante determina la situación interna de la propia empresa al observarla con atención desde la perspectiva de un extraño. Esto revela los posibles eslabones débiles dentro de la red de la empresa a los que debería apuntar el atacante. Durante el reconocimiento, los piratas informáticos suelen adoptar uno de estos dos enfoques:

- Reconocimiento pasivo
- Reconocimiento activo

En el reconocimiento pasivo, el atacante no se arriesga directamente a exponer sus intentos al objetivo. En cambio, su objetivo es recopilar tanta información sobre el objetivo como le sea posible y luego crear enlaces a otros objetivos potenciales. Por ejemplo, obtener el nombre de un empleado del sitio web de la empresa, luego buscar sus cuentas de redes sociales a partir de su nombre, luego averiguar su nombre de usuario, y la cadena de investigación continúa. La información recopilada está disponible públicamente y esto no genera alarmas.

Pero en el reconocimiento activo, el atacante adopta un enfoque más agresivo para recopilar información sobre el objetivo. Al seguir este enfoque, el atacante generalmente se involucra con el sistema de destino directamente para descubrir las vulnerabilidades potenciales. Sin embargo, hacerlo conlleva cierto riesgo porque el objetivo puede descubrir los intentos de recopilación de información del atacante, y este puede quedar expuesto. Una vez que el atacante haya recopilado información, como los nombres, títulos, direcciones de correo electrónico del objetivo y otros datos, la fase de reconocimiento se completa. A partir de aquí podrá explorar las diferentes vías a través de las cuales proceder con el cyberataque.

Fase 2: Intrusión

Una vez que el atacante ha reunido la información, puede idear una forma que le dé acceso al sistema del objetivo. El propósito del atacante, en esta fase, es entrar de alguna manera en el sistema aprovechando el malware o las vulnerabilidades de seguridad. Una vez que el *hacker* está dentro del sistema del objetivo, puede configurar las etapas posteriores del proceso de la cadena de exterminio. Después de esto, la información recopilada en la fase de reconocimiento ayudará al pirata informático a planear un ataque factible, como un ataque de *spear-phishing*. Al enviar un correo electrónico cuidadosamente elaborado con un contexto convincente, un atacante puede engañar fácilmente al objetivo para que haga clic en un enlace malicioso. Esto le dará al atacante acceso al sistema de destino e incluso más control sobre el mismo. Podrá inyectar software espía para recopilar contraseñas y otra información similar en segundo plano, sin que el objetivo se dé cuenta. Esta fase del proceso de la *kill chain* es básicamente el punto de entrada del ataque.

Fase 3: Explotación

En esta fase del ataque, el *hacker* infecta el sistema con su propio código malicioso. Esta explotación del sistema de destino proporcionará al pirata informático un mejor control sobre dicho sistema. La explotación debe realizarse con cuidado; el objetivo no deberá albergar sospechas de que alguien se ha infiltrado en su sistema. La fase de explotación se centra principalmente en proporcionar al atacante más recursos para trabajar en el sistema de destino mediante la explotación de las vulnerabilidades descubiertas en la fase de reconocimiento. Por otra parte, el *hacker* también podrá instalar herramientas, crear scripts o incluso realizar modificaciones en los certificados de seguridad del sistema del objetivo.

Fase 4: Escalada de privilegios

A veces, el sistema objetivo tiene privilegios de usuario bajos de forma predeterminada o le otorga privilegios bajos particularmente al atacante después de la infiltración. En tales casos, es de suma importancia para el atacante elevar sus privilegios de acceso en el sistema de destino. De lo contrario, no podrá acceder a la mayoría de los recursos del sistema, incluso después de *hackearlo* con éxito. En una analogía, el privilegio se podría describir de la siguiente manera: el atacante logra entrar con éxito en un edificio sin ser detectado y ahora se encuentra en el vestíbulo; sin embargo, a menos que aumente sus privilegios, se quedará atrapado en el vestíbulo y no podrá lograr sus objetivos. Algunos de los procedimientos más comunes para escalar privilegios son:

- **Ataques de fuerza bruta** - este enfoque tiene como objetivo las vulnerabilidades de las contraseñas para proporcionar al usuario credenciales de administrador. De esta forma el atacante podrá acceder al sistema como administrador en lugar de como usuario estándar.

- **Explotación de las vulnerabilidades de día cero** - las vulnerabilidades de día cero son aquellas debilidades en la seguridad de un sistema presentes desde el primer día de su desarrollo. La peculiaridad de esta vulnerabilidad es que ni el usuario ni el desarrollador conocen esta falla potencial, lo que hace que el ataque de explotación sea prácticamente imparable.

Fase 5: Movimiento lateral

Ahora que el atacante tiene el control total de los recursos del sistema, es hora de encontrar lo que ha venido a buscar. En esta fase, el atacante se moverá de un sistema al siguiente en busca de más datos y activos. Esta etapa es una especie de misión de descubrimiento donde objetivo es encontrar datos sensibles y críticos.

Fase 6: Ofuscación

En esta fase del proceso los atacantes ocultan su presencia y tapan sus huellas. Esto evitará el descubrimiento inmediato del ataque y también dificultará la investigación futura del mismo. Para ello, los piratas informáticos generalmente eliminan los archivos de metadatos, sobrescriben las marcas de tiempo y realizan otras modificaciones similares.

Fase 7: Denegación de servicio

En este punto del ataque, los piratas informáticos se centran en anular temporalmente la red y su infraestructura. De esta manera, los usuarios normales no podrán acceder a la red y no sabrán lo que sucede en su sistema. Esto también se conoce comúnmente como ataque DDoS.

Fase 8: Exfiltración

Esta fase del proceso de la *kill chain* se centra en la ruta de escape del pirata informático después de haber recopilado los datos y la información que buscaba. El objetivo principal es trasladar los datos del sistema de destino a un sistema especificado por el pirata informático, ya sea copiando, moviendo o transfiriéndolos a través de la red. Este proceso puede llevar tiempo, pero una vez que se obtienen los datos, el *hacker* puede hacer lo que quiera con ellos.

Capítulo 8: Consejos Útiles de Ciberseguridad para 2020

Un Plan de Recuperación ante Desastres es Vital

Un plan de recuperación ante desastres es un documento que contiene el procedimiento paso a paso para recuperar una red después de que un desastre ponga en peligro los datos de la mencionada red o dificulte su funcionamiento. Los auditores financieros externos de una empresa necesitan el plan anual de recuperación ante desastres para obtener la información sobre los datos de la red y su importancia para la empresa. Del mismo modo, les servirá para reparar los efectos perjudiciales que una falla en la red puede tener en la empresa. Al preparar un plan de recuperación ante desastres, el gerente debe considerar cuidadosamente todos los posibles escenarios de desastres y desarrollar planes de protección efectivos para evitar la pérdida de datos y restaurar las operaciones comerciales rápidamente. Por lo tanto, los dos trabajos más importantes de los administradores de red incluyen el desarrollo de un plan eficaz de recuperación ante desastres y la administración de los sistemas de respaldo de la empresa.

La mayoría de las veces, los planes de recuperación ante desastres no son largos, aunque la duración depende de la complejidad de las operaciones de la red. En el caso de una sola red con varios centenares de nodos y unos quince servidores, el plan de recuperación ante desastres tendrá entre diez y veinte páginas. Si se trata de una red compleja, como la de las compañías Fortune 500, el plan de recuperación ante desastres de todos los sitios considerados en conjunto puede tener centenares de páginas.

Si se quiere maximizar la utilidad del plan de recuperación ante desastres se debe redactar conciso y relevante, pero sin descuidar los problemas remotos que tienen una pequeña posibilidad de ocurrir. Preste atención a los efectos que puede causar el desastre, como la pérdida de un servidor o una sala de servidores completa, o la pérdida de todas las estaciones de trabajo de servicio al cliente, etc., en lugar de preocuparse por las causas que conducen a dicho desastre.

En la siguiente sección encontrará detallados los puntos en los que se debe centrar un plan de recuperación ante desastres. Dependiendo de la empresa y la red que se utilice, es posible que también deban abordarse otros problemas relacionados.

Evaluación de las Necesidades de Recuperación ante Desastres

El plan de recuperación ante desastres debe redactarse de acuerdo con las necesidades de la empresa, es decir, los problemas potenciales y la persona que requiere el proceso de planificación de la recuperación. Otros aspectos y necesidades a considerar son:

- Considerar diversas contingencias y planificar al detalle todo tipo medidas para los posibles desastres.

- Convencer a los auditores contables externos de la empresa de que se ha desarrollado un plan para contrarrestar los posibles desastres.

- Asegurarse de que la alta dirección de la empresa esté informada sobre los riesgos y desastres potenciales, y el tiempo que tomaría resolver cualquier problema que ocurra

- Desarrollar un plan partiendo de las áreas clave de las consideraciones comerciales de la empresa, incluidos los diferentes desastres relacionados con la red informática

- Persuadir a los clientes de la empresa de que los datos y las operaciones de la empresa están seguros y a salvo de desastres.

Tener en cuenta estas necesidades durante la planificación le mostrará claramente lo que debe implicar el plan y qué personas de las diferentes partes de la empresa deben participar en el proceso de diseño de dicho plan.

Consideración de Escenarios de Desastre

Si desea prepararse y desarrollar un plan para escenarios de desastre que sea eficaz, debe considerar los diferentes escenarios de desastre posibles, tales como:

- Que se produzca un incendio en una habitación, como la sala de servidores, y destruya algunos ordenadores y cintas.

- Que el ordenador y las baterías de respaldo que se encuentran cerca del suelo en la sala de servidores se dañen a causa de una inundación. Puede ocurrir por un incidente dentro del edificio, como la activación de los rociadores contra incendios debido a un incendio, o un caso grave de fuga de agua en una habitación cercana a la sala de servidores.

- Que ocurra un problema en los circuitos eléctricos, lo que provocaría que falle la alimentación.

- Que la conexión con el mundo exterior se pierda debido a algún problema, como un problema en la red de área amplia (WAN) o una caída de la conexión a Internet

- Que la red o los servidores de la empresa presenten problemas debido a la mala estructura del edificio.

- Que los equipos de otra parte del edificio, imprescindibles para el funcionamiento de la empresa, se vean afectados por los hechos anteriores. Podría ser una de las áreas de fabricación, el centro de servicio de atención al cliente o la sala del sistema telefónico

Los eventos mencionados anteriormente no tienen una alta probabilidad de ocurrir. Sin embargo, es imperativo considerarlos todos porque el plan de recuperación ante desastres se elabora para hacer frente a problemas graves. Si la planificación se centra solo en los problemas con mayor probabilidad de ocurrir, será mucho menos útil.

También se deben considerar algunas fallas que podrían poner en peligro el sistema después de la planificación para desastres:

- Que la placa base del servidor falle y no se pueda obtener una nueva del proveedor en menos de tres días.

- Que la falla de un disco provoque la pérdida de datos. Si utiliza el esquema de matriz redundante de discos independientes (RAID), haga un plan que tenga en cuenta fallas más graves que las que puede proteger el sistema RAID. Por ejemplo, si se utilizan unidades duplicadas RAID 1, cree un plan que considere la falla de ambos lados del espejo simultáneamente. Para RAID 5, considere la posibilidad de planificar medidas para cuando dos unidades fallen simultáneamente.

- Considere la posibilidad de que falle la unidad de copia de seguridad en cinta y no se puedan realizar reparaciones en una o dos semanas. Esta falla no causa la pérdida de datos en sí, pero aumenta las posibilidades de que se dé esa situación.

La planificación para estos problemas requiere respuestas rápidas y eficaces. Por ejemplo, si la placa base del servidor falla, reubique las unidades de ese servidor a otro temporalmente, hasta que la placa base sea reparada o reemplazada. Si un disco falla, diseñe un plan que contenga un método para reconstruir la matriz de discos y restaurar rápidamente los datos desde una copia de seguridad. Si la unidad de copia de seguridad en cinta falla, planifique cómo obtener una unidad equivalente o tenga en cuenta si el desarrollador de la unidad de cinta puede cambiar la unidad defectuosa por una de reemplazo reacondicionada.

Considere la posibilidad de conservar las piezas de repuesto y los servidores de respaldo para que, en caso de falla, el sistema pueda reanudarse rápidamente. Examine estas preguntas y considere lo que implican sus respuestas:

- ¿Se debe tener un contrato de mantenimiento? Si es así, asegúrese de que se entienden las garantías y los procedimientos.

- ¿Deben almacenarse las piezas de repuesto y estar listas para usar si ocurre una falla

- ¿Hay algún ordenador disponible que pueda actuar como sustituto temporal de un servidor clave, en caso de fallo? ¿Se puede aplicar esto mismo a los enrutadores, concentradores, conmutadores y otros componentes importantes?

- ¿Están los empleados capacitados y listos para trabajar con el equipo de reemplazo, o sin sistema, si se deben tomar medidas temporales? Por ejemplo, ¿pueden un restaurante y su personal seguir funcionando si el sistema electrónico falla?

- ¿Es necesario mantener un sitio de recuperación frío o caliente? Un sitio de recuperación "frío" es una instalación administrada por la empresa que se mantiene cerca del centro de datos protegido. Si el centro de datos enfrenta algún desastre, el sitio puede alojarse en este sitio de recuperación, donde están disponibles todas las funciones de energía, aire acondicionado y las instalaciones. El sitio "caliente" tiene las mismas características que el sitio "frío" con la ventaja adicional de tener equipo y software de ordenador para realizar el mismo procesamiento que se realiza en el centro de datos. Los datos del sitio web se sincronizan con los del centro de datos en tiempo real, por lo que puede hacerse cargo del trabajo del sitio principal en un corto período de tiempo. Los sitios calientes o fríos suelen ser utilizados por aquellas empresas que necesitan realizar operaciones de datos sensibles y de misión crítica.

El núcleo de la planificación de la recuperación ante desastres se basa en dos puntos: primero, analizar problemas o riesgos potenciales; por ejemplo, mal funcionamiento o falla de equipos esenciales, y segundo, gestionar y superar dichos problemas o riesgos.

1. Manejo de Comunicaciones

El plan de recuperación ante desastres debe cubrir el aspecto del manejo de la comunicación. Si la comunicación no se planifica de manera efectiva para que fluya correctamente durante un desastre, es posible que las personas no desempeñen bien sus trabajos y esto dificultará la solución de la crisis.

La planificación de la comunicación se puede iniciar escribiendo la lista de personas a las que se debe informar sobre un problema, cómo hacer un seguimiento del progreso realizado para resolver dicho problema y el resultado. Aquí se proporciona una lista de ejemplo:

- Junta directiva

- Presidente o director ejecutivo

- Vicepresidentes de áreas respectivas

- Supervisores

- Empleados que enfrentan el problema.

El siguiente paso incluye decidir la notificación que se le debe dar a cada persona con respecto al proceso de recuperación ante desastres. Por ejemplo, es posible que la junta directiva solo necesite ser informada cuando el desastre progrese tanto que tenga un efecto material en el desempeño de la empresa. Pero el supervisor y los empleados directamente afectados por el problema deben ser notificados constantemente sobre cada desarrollo.

Después de considerar la lista de personas y a qué nivel deben ser notificadas, se debe decidir cómo se les notificará. Si usted está directamente involucrado en la solución del problema, considere pasar la responsabilidad de notificar del desastre a otra persona que no esté involucrada tan directamente, para que pueda terminar el proceso de resolución pronto. Esta tarea debe delegarse al supervisor de su departamento o un empleado que tenga conocimientos sobre los procedimientos requeridos en la comunicación. También deben disponer de la información de contacto como números de casa, números de buscapersonas, etc. si deben informar a la persona después del horario laboral. Configurar un árbol telefónico ayudará a comunicarse con otros rápidamente. La última tarea es delinear el orden en que las personas reciben la notificación. Esta lista depende del entorno de la empresa y del desastre, sin tener en cuenta el organigrama de la empresa.

2. Planificación del Almacenamiento Fuera del Sitio

El almacenamiento fuera del sitio es un método para proteger los datos manteniéndolos en cintas de respaldo, en caso de que un desastre físico, como un incendio, destruye las copias de los datos presentes en el sitio.

Junto con el almacenamiento de archivos fuera del sitio, las empresas también ofrecen almacenamiento en cintas estandarizadas que funcionan de forma rotatoria (semanalmente con mayor frecuencia). El empleado de la empresa de almacenamiento visitará la oficina e intercambiará cajas. Dejará una nueva caja de cintas y recogerá otro juego. Las cintas de respaldo generalmente se encuentran en cajas de acero inoxidable y el administrador de la red tiene la obligación de mantener estas cajas bajo llave y resguardadas. La decisión sobre qué cintas guardar en el sitio y cuáles enviar fuera del sitio debe tomarse con cuidado. Una opción es mantener las cintas de respaldo más recientes en el sitio y enviar las más antiguas fuera del sitio. Esto es útil, ya que puede mantener las cintas que necesita a diario cerca de usted, mientras reduce la exposición al desastre. Incluso si un desastre daña la sala de servidores y las cintas de respaldo, solo se destruirán los datos recientes, lo que no representa una gran pérdida.

3. Descripción de Componentes Críticos

El plan desarrollado para la recuperación de desastres también debe incluir el equipo informático y el software necesarios para mantener las operaciones en funcionamiento, en caso de que se pierda todo. El coste estimado de este equipo y el método para obtenerlo rápidamente deben ser parte de este plan, lo que ayudará a reducir el tiempo perdido para reanudar las operaciones comerciales en una instalación temporal. Las compras de seguros para operaciones comerciales también se estimarán en el coste final total.

4. Las Funciones de Copia de Seguridad y Restauración de las Redes

Otra inclusión que debe tener el plan de recuperación ante desastres para una red es el método para recuperar los datos almacenados del servidor, si estos se destruyen. Uno de estos métodos es establecer procedimientos de restauración y copia de seguridad de la red. Un administrador de red debe conocer la importancia de mantener copias de seguridad de los datos importantes y del sistema en sí.

Cuando una persona trabaja con ordenadores, no tarda mucho en darse cuenta de la importancia de mantener buenas copias de seguridad, porque los ordenadores pueden fallar inesperadamente, haciendo imposible la recuperación de los datos que contienen. Algunos archivos también pueden eliminarse o dañarse debido a un incidente. En tales casos, los trabajos de los empleados de la empresa dependen de la calidad de las copias de seguridad de los datos destruidos y la restauración de esos datos importantes.

Evaluación de las Necesidades de Respaldo

La evaluación de las necesidades del proceso de copia de seguridad y restauración de una empresa ha de realizarse antes de proceder con la copia de seguridad. Para completar la evaluación de las necesidades de respaldo, considere estas preguntas:

- ¿Son los datos del servidor dinámicos? ¿Con qué frecuencia y de qué manera cambian?

- ¿Qué datos se deben respaldar y cuál es la tasa de crecimiento?

- ¿Cuánto tiempo se tarda en realizar la copia de seguridad de los datos? Evite una situación en la que realice una copia de seguridad de una cantidad de terabytes de datos en un sistema que solo puede manejar ciertos megabytes por hora.

- ¿Con qué rapidez se puede realizar una restauración parcial o completa de los datos? La mayoría de las veces, la restauración de datos toma el doble de tiempo en comparación con la copia de seguridad, aunque hay casos en los que el tiempo de copia de seguridad y restauración es igual. Por ejemplo, si todo el servidor tardó diez horas en realizar una copia de seguridad, los datos de restauración estarían entre diez y veinte horas, excluyendo el tiempo necesario para solucionar el problema que llevó a tener que restaurar los datos.

- ¿Cuánta consistencia se requiere en los datos de respaldo? ¿Es necesario que los archivos de datos se gestionen como una sola unidad? Por ejemplo, la restauración de archivos de procesamiento de texto no necesita ser coherente y no afectará a otros archivos del sistema. Sin embargo, una colección de archivos de base de datos de una base de datos de gama alta es útil solo si los archivos se pueden restaurar en conjunto desde el mismo punto.

- ¿Qué equilibrio se puede lograr entre coste y capacidad de recuperación? Un sistema de copias de seguridad diseñado para respaldar archivos cada minuto puede generar una gran confianza porque asegura que no habrá pérdida de datos, incluso si surge algún problema. Estos sistemas de respaldo de alta gama son necesarios en los bancos, pero el coste y la administración de dichos sistemas son altos. La mayoría de las empresas pueden optar por alguna alternativa económica con un bajo grado de recuperación, como los que realizan la copia de seguridad de los datos en horas no laborables (generalmente por la noche). Cada empresa puede evaluar lo que necesita y el gasto que puede asumir.

- ¿Cuántos niveles de copias de respaldo necesita la empresa? Las copias de seguridad se encuentran principalmente en cintas que admiten servidores que utilizan matrices RAID. De esta forma, el segundo nivel de protección son las cintas. A veces, se requieren varias copias de las cintas y cada copia tiene una copia de seguridad. Se pueden tener tantas copias de seguridad como se requieran y se pueden mantener fuera del sitio a través de alguna conexión de red.

Cuando se va a realizar la evaluación, se debe involucrar a la alta dirección de la empresa. Más tarde, las decisiones pueden compartirse con la gerencia para buscar su acuerdo o aportes.

Adquirir Medios y Tecnologías de Respaldo

Al seleccionar un sistema de respaldo (hardware y medios) se deben tener en cuenta los siguientes factores:

- Fiabilidad
- Coste
- Capacidad de almacenamiento
- Frecuencia de restauración
- Ajustar una copia de seguridad completa en un solo medio

La siguiente información trata sobre varias tecnologías de respaldo, sus costes y las ventajas y desventajas de cada una. Todos los valores, como los precios de las unidades, los medios y los costes por megabytes, se basan en aproximaciones.

Digital Linear Tape (DLT) o Linear Tape-Open (LTO) son sistemas de respaldo robustos que deben considerarse si su empresa cuenta con los recursos y capacidades adecuados para utilizarlos. Estos sistemas están previstos para ser reutilizados un millón de veces, con una vida útil de 30 años, y disponen de discos rápidos para realizar copias de seguridad y restaurarlas. DLT y LTO también pueden disponer de autocambiadores robóticos, que generan mucho espacio si se llenan las unidades. Estos autocambiadores robóticos son económicos y hay varios tipos disponibles, que van desde sistemas pequeños con una capacidad de cinco cintas hasta sistemas grandes que pueden contener decenas o cientos de cintas.

Por otro lado, los sistemas Super DLT S4, con 600 GB por cinta, y LTO-4, con 800 GB por cinta, son nuevas tecnologías de respaldo, más avanzadas que DLT y adecuadas para redes más grandes. Muchos proveedores de equipos informáticos admiten los formatos de cinta de DLT y LTO y los consideran fiables.

Elección de Estrategias de Respaldo

La estrategia de rotación de la copia de seguridad se planifica después de recopilar toda la información importante. Este plan contiene los detalles de cómo se rotan los medios de copia de seguridad. Un diseño apropiado de estas rotaciones de respaldo tiene las siguientes ventajas:

- Si ocurre un fallo grave, el sistema puede reconstruirse basándose en los datos más recientes.

- Si las cintas antiguas se borran o dañan accidentalmente, se pueden restaurar sus archivos inmediatamente antes de que se pierdan los datos.

- Brinda protección si falla el medio de respaldo.

- Protege los datos contra casos de desastres ambientales, como un incendio.

En la mayoría de los sistemas operativos de red, los archivos tienen asignados bits especiales. Uno de estos bits especiales se denomina bit de archivo y especifica el estado de la copia de seguridad del mismo. El bit de archivo se establece como "activado" siempre que se edita un archivo, lo que indica la necesidad de una copia de seguridad de este. Una vez que se realiza la copia de seguridad, el bit de archivo se borra. Con el bit de archivo y el software de respaldo, las copias de seguridad que se pueden crear son:

- Una **copia de seguridad completa** en la que se realizan respaldos de todos los archivos y directorios, sin tener en cuenta los estados de los bits del archivo. Este método borra todos los bits de archivo de la copia de seguridad.

- Una **copia de seguridad incremental** que selecciona los archivos modificados (los que tienen su bit de archivo activado), y luego crea copias de seguridad para los mismos. Los únicos archivos de los que se realiza una copia de seguridad son aquellos que se han editado desde la última copia de seguridad incremental o completa, y su bit de archivo se restablece. En esta modalidad de copia de seguridad no se incluyen aquellos que no hayan sido modificados recientemente. Aunque el tiempo consumido en las copias de seguridad incrementales se reduce, el tiempo de restauración aumenta, al igual que la posibilidad de fallos en los medios.

- Una **copia de seguridad diferencial** que funciona mediante la copia de seguridad de aquellos archivos que tienen sus bits de archivo activados. La diferencia con respecto a la modalidad anterior es que, en esta copia de seguridad, los bits de archivo se mantienen, incluso después de la copia de seguridad. De este modo, en las copias de seguridad posteriores, estos archivos se volverán a incluir, junto con otros archivos nuevos modificados. En este escenario aumenta el tiempo necesario para realizar copias de seguridad, pero se reduce el tiempo de restauración y la posibilidad de fallos en los medios.

Generalmente, realizar copias de seguridad completas es lo más ventajoso, ya que solo se deberá acceder a las cintas de copia de seguridad más recientes para restaurar el sistema, si ocurre un fallo. Mirándolo de manera realista, tal cosa no es factible debido a varias razones. En primer lugar, realizar una copia de seguridad completa requiere mucho tiempo y es posible que no haya tiempo suficiente para realizar una copia de seguridad completa todos los días. En segundo lugar, cuanto menos trabajo realicen las cintas y los medios, más vida útil tendrán. Además de estas premisas, considere el tiempo de restauración que tomará la combinación de una copia de seguridad completa e incremental o diferencial, junto con el riesgo de no poder restaurar los datos debido al uso de un enfoque combinado. Además, considere el escenario en el que necesite una restauración total y deba usar una cinta de respaldo completa y cuatro cintas de respaldos incrementales, posteriores al respaldo completo. Las cinco cintas deberán estar en buenas condiciones, lo que es poco probable en este caso.

Es común mezclar los tipos de copias de seguridad, realizando una copia de seguridad completa a la semana y utilizando las copias de seguridad incrementales o diferenciales durante el resto de la semana. Algunos ejemplos son:

- **Copia de seguridad completa los viernes por la noche y copias de seguridad incrementales de lunes a jueves:** si ocurre un fallo del sistema un lunes por la mañana antes de cualquier entrada de datos, solo es necesario restaurar la copia de seguridad completa del viernes. Pero si el fallo ocurre el jueves, es necesario restaurar cuatro cintas en secuencia para una copia de seguridad completa, comenzando desde la copia de seguridad completa del viernes y continuando con las copias de seguridad incrementales del lunes hasta el miércoles. En el segundo caso, todos los datos de esas cintas deben restaurarse con éxito y de forma secuencial para garantizar la integridad de los datos. Si no lo hace, es posible que los archivos no coincidan y sean difíciles de usar. Por lo tanto, esta modalidad tiene un riesgo bastante elevado.

- **Copia de seguridad completa el viernes por la noche y copias de seguridad diferenciales de lunes a jueves:** si se produce un fallo del sistema el lunes por la mañana, solo se necesita la restauración completa de la copia de seguridad del viernes. Pero si falla un jueves por la mañana, la restauración completa de los datos solo requiere dos cintas: la copia de seguridad completa del viernes anterior con la copia de seguridad diferencial realizada el miércoles. Esto se debe a que, en la copia de seguridad diferencial, se han realizado copias de seguridad de todos los archivos modificados desde la última copia de seguridad. Por lo tanto, el riesgo disminuye debido a que solo es necesario restaurar dos cintas.

Un buen esquema de respaldo necesita un equilibrio entre la naturaleza de los datos y los riesgos de cada respaldo, la capacidad de las cintas y el tiempo consumido en cada copia de seguridad.

El esquema "Abuelo-padre-hijo" (GFS) es el esquema de rotación de respaldo más común. Para implementarlo son necesarias ocho cintas. Cuatro de estas cintas se nombran de "lunes" a "jueves", mientras que las otras cuatro son "viernes 1", "viernes 2", "viernes 3" y "viernes 4". Las cuatro primeras se utilizan de lunes a jueves para reemplazar los datos de la semana anterior, mientras que las cuatro cintas siguientes se designan para cada viernes del mes. Para el primer viernes del mes, se usará la cinta "viernes 1" y así sucesivamente. Es recomendable preparar una cinta el último día de cada mes, no para volver a utilizarla, sino para mantenerla fuera del sitio y que pueda usarse cuando una crisis, como una falla ambiental, destruya el sistema y todas las cintas en el sitio.

GFS tiene tres variaciones principales:

1.   Realizar una copia de seguridad completa cada vez, lo que aumenta la redundancia de medios, pero reduce el tiempo de restauración.

2.   Realizar copias de seguridad completas solo los viernes y a final del mes, y durante el resto de las semanas utilizar copias de seguridad incrementales.

3.   Realizar copias de seguridad completas los viernes y fines de mes, así como copias de seguridad diferenciales durante la semana.

Los esquemas de rotación son más simples, si los comparamos con el sistema GFS; únicamente se utilizan dos o tres cintas, rotándolas y sobrescribiendo los datos antiguos cada vez. De esta manera, los datos de los tres días anteriores se pueden restaurar fácilmente. Pero es imposible recuperar datos de más atrás en el tiempo si se borraron o dañaron sin que nadie se diera cuenta de inmediato. Una forma de solucionar esta deficiencia es incluir algunas cintas más, que se pueden rotar semanal o mensualmente.

Conclusión

Hasta esta página, hemos cubierto una variedad de temas relacionados con los ordenadores y la informática. Hemos hablado ampliamente de las redes informáticas, dado que son muy relevantes en la era moderna, gobernada por Internet. Hemos aprendido sobre el modelo de red OSI y cómo los diferentes protocolos y aplicaciones de red se adhieren a este. Después de abordar las redes, cambiamos nuestro enfoque hacia la seguridad de las mismas, que es un tema muy importante, ya que nadie quiere que sus datos se vean comprometidos y mal utilizados. En la parte final de este libro, le hemos dado la debida importancia a temas como el diseño de redes y la piratería, siendo este último más interesante e informativo. La piratería es algo que puede hacer cualquier persona con las herramientas y el conocimiento adecuados. Hemos explicado el proceso general de la piratería, que comúnmente se denomina "proceso de la cadena de exterminio" o "kill chain". Este libro ha brindado a los lectores lo mejor de cada tema, esperando que los lectores hayan desarrollado una base conceptual básica de cada materia tratada aquí. En adelante, al estudiar cualquier material que se relacione con los temas cubiertos en este libro, el lector tendrá suficiente conocimiento previo para digerir fácilmente la información destinada a una audiencia de nivel intermedio o avanzado.

Segunda Parte: Ciberseguridad

Una Simple Guía para Principiantes sobre Ciberseguridad, Redes Informáticas y Cómo Protegerse del Hacking en Forma de Phishing, Malware, Ransomware e Ingeniería Social

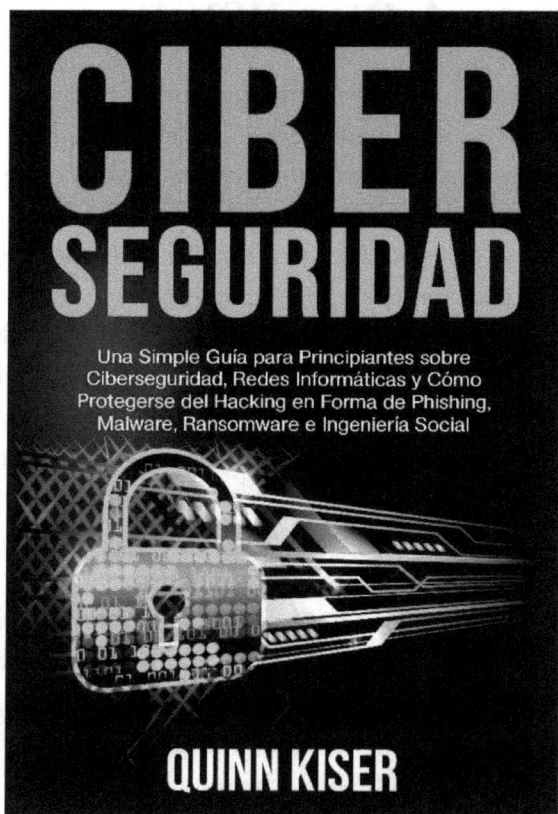

CIBER SEGURIDAD

Una Simple Guía para Principiantes sobre Ciberseguridad, Redes Informáticas y Cómo Protegerse del Hacking en Forma de Phishing, Malware, Ransomware e Ingeniería Social

QUINN KISER

Introducción

Internet puede ser el invento más importante del siglo 21, y afecta diariamente la vida de las personas en más formas de las que creen. Todo ha cambiado desde la invención de Internet: la forma en que usted se comunica, juega, compra, trabaja, escucha música, mira películas, paga facturas, pide comida e incluso la forma en que hace amigos. Piense en cualquier cosa que quiera, y es posible que exista una aplicación móvil o basada en la web para ello.

Internet ha hecho que la vida de las personas sea muy cómoda. Ya no necesita hacer cola o escribir un cheque para pagar una factura. Puede hacerlo con solo hacer clic en algunos botones. La tecnología ha avanzado tanto que millones de dispositivos son capaces de conectarse a Internet; la mayoría no necesita estar conectado a su computadora. Existen teléfonos inteligentes, tabletas, etc., a través de los cuales puede mantenerse conectado con sus amigos e incluso trabajar cuando quiera.

Internet no solo ha simplificado las cosas, sino que también las ha hecho rentables debido a cómo se usa no solo por los ricos, sino que por todas las clases sociales. En el pasado, las personas tenían que pensar mucho antes de hacer llamadas internacionales debido a los cargos impuestos por los proveedores de telecomunicaciones. Hoy en día, usted puede usar Internet para realizar llamadas normales y videollamadas a excelentes tarifas, incluso gratis en algunos casos, a cualquier parte del mundo.

Internet también ha cambiado la tasa de adopción de dispositivos tradicionales como la televisión, ya que ahora la gente prefiere ver todo a través de un modelo de suscripción en Internet. La gente ya no usa los teléfonos solo para hacer llamadas, sino para muchas otras actividades, como ver una película, reservar boletos en línea, etc. Internet incluso ha hecho posible trabajar desde casa, lo que es conveniente para los padres, ya que pueden vigilar a los niños pequeños al mismo tiempo. En otras palabras, las personas se han acercado más desde la llegada de Internet.

Sin embargo, Internet también ha dado paso a nuevas formas de crimen, conocidos como delitos cibernéticos. Si bien Internet se convirtió en "el lugar" para que la gente pase el rato y socialice, también ofrece enormes oportunidades a los ciberdelincuentes. Los delincuentes se dieron cuenta que, dado que todo se ha vuelto digital, también debían adaptarse y volverse digitales. No les tomó mucho tiempo comprender que el mundo entero usa los servicios ofrecidos por Internet para actividades como compras, operaciones bancarias, pedidos de comida, etc., y que todos comparten algo en común: transacciones financieras a través de medios digitales. Miles de millones de dólares, libras esterlinas y miles de otras monedas circulan por Internet en estos días, todos los días, y eso es una enorme atracción para los delincuentes, brindándoles una manera alternativa de cometer sus delitos.

Un ladrón ya no necesita entrar a un banco para robar dinero; esto puede hacerse por Internet. Esto provocó la llegada de ciberdelincuentes que cometen crímenes a través de Internet conocidos como ciberdelitos. En este libro, aprenderá sobre todo tipo de ciberdelitos y cómo los delincuentes los implementan.

Si existe una ley en el mundo real para vigilar la actividad delictiva, existen procesos en el mundo digital para mantener los delitos cibernéticos bajo control. La ciberseguridad es un término muy utilizado en Internet, y de eso se trata este libro. Aprenderá acerca de las diversas formas en que puede utilizar la ciberseguridad para combatir los delitos cibernéticos.

Al final del libro, también habrá leído acerca de pruebas de seguridad y las carreras que puede seguir en el campo de la ciberseguridad si usted es un estudiante aspirante o busca cambiar su campo de su profesión actual. Este libro le abrirá los ojos a nuevas posibilidades, y sacará a relucir la versión digital de Sherlock Holmes que reside dentro de usted.

Capítulo Uno: Ciberseguridad y Por Qué es Importante

¿Qué es la Ciberseguridad?

La ciberseguridad, también conocida como seguridad informática, se define como el proceso de asegurar el ICA de la información, donde I significa Integridad, C significa Confidencialidad y A significa Disponibilidad. La ciberseguridad comprende un conjunto de herramientas relevantes, enfoques para la gestión de riesgos, capacitación, tecnologías y métodos para proteger la información, las redes, los programas y los dispositivos contra ataques y accesos no autorizados.

Las siguientes entidades son parte del proceso de ciberseguridad.

Personas

Las personas son parte de un sistema. Puede ser una universidad o una organización u otra institución. Durante su permanencia en una institución, las personas deben comprender y cumplir con los principios básicos de la seguridad de datos, como usar contraseñas fuertes, estar atentos a los archivos adjuntos de correo electrónico y realizar copias de seguridad de los datos.

Procesos

Las organizaciones deben contar con ciertos marcos para hacer frente a los ciberataques, tanto a los intentados como a los exitosos. Si una organización tiene incluso un marco bien respetado, puede guiarla en tiempos de un ciberataque. Un marco les ayudará a identificar al atacante, proteger todos los sistemas, estar listos para responder a las amenazas y recuperarse rápidamente en casos de ataques exitosos.

Tecnología

Sin la tecnología, las organizaciones no tendrían las herramientas necesarias de seguridad informática para protegerse de ciberataques. Hay tres entidades principales para proteger: dispositivos personales de punto final, como dispositivos inteligentes, computadoras y routers, las redes y la nube. Las tecnologías comunes usadas para proteger dichas entidades incluyen firewalls, filtros DNS, soluciones antimalware, soluciones antivirus y soluciones de seguridad de correo electrónico.

¿Por qué es importante la ciberseguridad?

Hoy, el mundo depende de la tecnología más que nunca en las últimas décadas. Esto ha resultado en un gran aumento en la creación de datos digitales. Los datos se almacenan en computadoras por personas, empresas, agencias gubernamentales, etc., y son diariamente transferidos hacia otras computadoras a través de una red. Existen lagunas y vulnerabilidades en las computadoras y sus sistemas subyacentes. Estas pueden ser explotadas por un atacante, lo que conduce a la caída de una organización. Por eso la ciberseguridad es vital.

Una brecha en el sistema que permite el acceso de un atacante puede tener consecuencias de gran alcance. La filtración de datos personales puede afectar la reputación de una organización y llevar a una pérdida de confianza con socios y clientes. El robo de código fuente puede costarle a la organización una ventaja competitiva sobre sus rivales. Además, una filtración de datos puede causar pérdidas de ingresos debido al no cumplimiento de prácticas de protección de datos.

En promedio, una violación de datos puede costarle a una organización hasta 3,6 millones de dólares. Por otra parte, las violaciones de datos de alto perfil aparecen se pueden extender por los titulares como la pólvora, lo que resulta en un golpe a la reputación de la empresa. Es por esto que las organizaciones deben implementar un enfoque sólido y poderoso de la ciberseguridad.

Escenarios de Ciberseguridad

Esta sección analiza la necesidad de la seguridad informática. Pasará por algunos escenarios comunes en donde la ciberseguridad es usada en el mundo actual.

Escenario para Organizaciones

Trate de imaginarse una organización con el último equipamiento de TI para satisfacer todas sus necesidades digitales para que su empresa funcione sin problemas. Es crítico que esta infraestructura de TI esté en funcionamiento las 24 horas del día. La organización también debe asegurarse de que la identidad de los datos, la red, el equipamiento y los productos estén protegidos, excepto la red de acceso público y las identidades de los datos. Sin embargo, los datos públicos en sí deben estar cifrados y seguros. Todas las organizaciones se han vuelto digitales, y por lo tanto hay una combinación de varias tecnologías trabajando en conjunto para impulsar las metas y los objetivos de una organización. La digitalización también extiende los límites de la organización, aumentando así su conectividad. La conectividad es, por supuesto, una ventaja hoy en día, pero puede ser perjudicial para la organización.

Tres macro aspectos definen la digitalización y la conectividad:

- Identidad – Este es un aspecto a través del cual los usuarios pueden interactuar.

- Datos – Estos son datos relacionados con el usuario, la empresa, el sistema o el cliente.

- Red – Esta es la parte donde todos están conectados y restringidos mediante niveles de acceso.

Estas tres macro entidades están conectadas a través de equipos, software y procesos comerciales. Como ya se mencionó, una organización controla el nivel de acceso que un usuario puede tener para crear, ver o modificar datos a través del acceso desarrollado para una identidad. Además, los datos, ya sea en reposo o en movimiento, también deben ser protegidos. Y finalmente, no hace falta decir que el perímetro de la red para esta infraestructura, ya sea en forma física o en la nube, requiere seguridad.

El Escenario Donde Todo se Traslada hacia la Nube

¿Qué es la nube? La nube es un espacio común en Internet donde todos sus datos pueden ser almacenados en lugar de tener que almacenarlos localmente. La mayoría de las organizaciones están rápidamente trasladando todos sus datos hacia la nube. Esto ocurre porque los servidores basados en la nube ofrecen mejor potencia informática, y el costo de almacenar datos en la nube es menor que el de almacenarlos localmente. Otro beneficio de la infraestructura basada en la nube es que es escalable. Esto significa que sus parámetros como la RAM, potencia informática y espacio de disco pueden ser expandidos sobre la marcha.

Con Internet, el mundo se está volviendo más pequeño, y las organizaciones han comenzado a colaborar a una escala global, y la computación en la nube debe ser reconocida por esto. Atrás quedaron los días en que los empleados se sentaban en una oficina y trabajaban. Actualmente, los trabajadores prefieren trabajar desde ubicaciones remotas, lo que elimina la necesidad de una oficina física. La infraestructura en la nube también elimina la carga de los equipos locales de TI de vigilar constantemente las actualizaciones de software y de hardware.

La infraestructura en la nube definitivamente ha traído una nueva era de más velocidad, control, precisión, potencia y disponibilidad, pero también la acompañan muchos riesgos de seguridad. La infraestructura en la nube no es diferente con respecto a la seguridad, y pueden ocurrir desastres si la infraestructura no está protegida de manera adecuada. La mayor ventaja de la infraestructura en la nube es que no es necesario que una organización posea o mantenga dicha infraestructura. Sin embargo, esta bendición va acompañada de inquietudes como por ejemplo ¿cómo la protege? ¿Quién tiene acceso a los datos presentes en la nube? ¿Cómo logra que la nube cumpla con las regulaciones gubernamentales como PCI o GDPR?

El modelo de negocio de proveedor de servicios también rige la política de recuperación ante desastres en torno a la infraestructura en la nube, y, por lo tanto, una organización debe estar actualizada al respecto. La organización no tiene nada que decir sobre la ubicación del centro de datos del proveedor de servicios. Existen varios otros riesgos y desafíos relacionados al uso de la infraestructura en la nube, los que serán discutidos en los próximos capítulos.

Terminología de Ciberseguridad

Varios términos son usados a lo largo de este libro para referirse al campo de la ciberseguridad. Es importante cubrir dichos términos en el primer capítulo para que esté familiarizado con ellos cuando empiecen a hacer apariciones posteriores. Estos términos se relacionan con todos los dispositivos que se usan en la actualidad, el software en dichos dispositivos, la infraestructura de red a la que se conectan los dispositivos, etc. Ahora revisará estos términos individualmente.

Nube

Internet está hecho de nubes, y no aquellas que están en el cielo. La computación en la nube es una tecnología que permite a los usuarios acceder a sus archivos desde cualquier parte del mundo. La nube es una red de computadoras que almacenan datos que pueden ser accedidos remotamente con un dispositivo inteligente. Los ejemplos más comunes de una nube son sus correos electrónicos. Están almacenados en un conjunto de computadoras distribuidas por Internet, y accede a ellos desde cualquier parte siempre que tenga las credenciales necesarias. Otro ejemplo sería algo como una lista de reproducción de Spotify que creó usando su teléfono móvil, pero también puede acceder a la misma lista de reproducción desde otro dispositivo como una computadora portátil cuando ingresa usando la misma cuenta.

Software

El software puede definirse como instrucciones que le dicen a una computadora qué hacer. Estas instrucciones son puestas en un paquete conocido como software, el cual el usuario puede instalar y comenzar a usar. Uno de los ejemplos de software más comunes es Microsoft Office, el cual se usa para crear documentos, presentaciones, etc. Las aplicaciones de su teléfono móvil también son software que usa para diversos fines. Por ejemplo, WhatsApp Messenger es la aplicación más utilizada para enviar mensajes.

Dominio

Un dominio es una matriz para dispositivos secundarios que están interconectados, como computadoras, teléfonos inteligentes, impresoras, etc. Por ejemplo, todas las computadoras en un lugar de trabajo son parte de un dominio perteneciente a la organización. Existen políticas definidas en el marco del dominio que rigen el tipo de acceso que los dispositivos tendrán bajo ese dominio.

Dirección IP

Una dirección IP es una dirección digital asignada a un dispositivo inteligente por una red, la que puede ser una red local o Internet. A cada dispositivo conectado a una red se le asigna una dirección IP. Esa dirección IP es usada por otros dispositivos para localizar y comunicarse entre sí.

Red Privada Virtual (VPN)

Una red privada virtual es una red sobre la que puede permanecer anónimo. Se le asigna una IP que pertenece a una región diferente, y todas sus acciones por Internet se registran a través de esa IP, manteniendo escondida su IP original. Las aplicaciones de VPN también cifran el tráfico por usted, por lo que el proveedor de servicios de Internet o el gobierno no pueden seguir sus actividades en línea. Las organizaciones también usan las VPN para mantenerlo conectado a la red de la oficina si quiere acceder a la red de la oficina desde afuera. Esto ha ganado mucha popularidad recientemente, ya que ayuda a una persona a trabajar desde casa o remotamente.

Exploit

Un exploit se define como un fragmento de código malicioso que puede usarse para aprovechar una vulnerabilidad o un vacío en una computadora o un servidor. Los virus, troyanos, botnets, etc, se utilizan para ejecutar un exploit en un sistema objetivo.

Brecha

El momento en que un atacante aprovecha la vulnerabilidad de un sistema y obtiene acceso se conoce como brecha.

Firewall

La tecnología usada para crear reglas para un sistema, de modo que se pueda filtrar el tráfico entrante y saliente, se conoce como firewall. Los firewalls pueden implementarse usando tanto hardware como software.

Malware

Malware es un término amplio o término genérico que incluye cualquier software malicioso que puede dañar una computadora. Los tipos más comunes de malware son los virus, gusanos, troyanos, ransomware, etc.

Virus

Un virus se define como un malware que puede dañar ciertos programas en una computadora. Puede continuar replicándose y extenderse a múltiples archivos y redes de computadoras. Necesita un archivo host y no puede ejecutarse por sí mismo. Se sabía que los virus solo afectaban al software, pero han evolucionado en los últimos años incluso para causar daños físicos al hardware.

Ransomware

El ransomware es un tipo de malware que cifra todos los datos de su computadora y evita que pueda acceder a ellos. El atacante que implementó el ransomware le dejará una aplicación a través de la cual debe realizarle un pago, tras lo cual los archivos serán automáticamente descifrados. En 2017, un ransomware conocido como WannaCry infectó a todas las máquinas basadas en Windows.

Caballo de Troya

Un caballo de Troya es como un virus, pero no se ejecuta por sí mismo. Por lo general está enmascarado y se esconde debajo de un archivo, que puede ser importante para un usuario. Por ejemplo, un usuario puede recibir un PDF con el contenido que esperaba, pero al mismo tiempo, hacer clic en ese PDF activa un script malicioso. Esta implementación se conoce como un caballo de Troya.

Gusano

Un gusano es un fragmento de código malicioso capaz de replicarse a sí mismo por una red. Puede que no necesariamente infecte un archivo como lo hace un virus, pero puede hacer algo molesto como consumir el ancho de banda de la red y negar el ancho de banda al usuario.

Bot o Botnet

Un Bot es una aplicación maliciosa que puede ser plantada en una red de computadoras, permitiendo a un atacante tomar control remotamente de toda la red. La colección de computadoras en la cual se plantan los bot se denomina un botnet. El botnet es controlado por un atacante conocido como un bot herder.

DDoS

DDoS es la sigla en inglés de Denegación de Servicio Distribuido y es una forma de ciberataque. El motivo de un ataque DDoS es inundar una red con tráfico malicioso, de tal forma que las solicitudes genuinas de un sitio web no puedan ser acomodadas en el ancho de banda. Los ataques DDoS a menudo se ejecutan implementando botnets.

Phishing y Spear Phishing

Esta es una técnica usada por los atacantes para extraer información. Los ejemplos más comunes de esto son correos electrónicos enviados a usuarios desprevenidos, que pueden parecer legítimos, pero tendrán enlaces que los redireccionarán a otro lugar. Por ejemplo, si tiene una cuenta con Citibank, el remitente del correo electrónico podría tener una dirección como algo@citibanks.com, agregando una S extra. Un usuario inocente podría creer que es legítimo, y puede terminar haciendo clic en un enlace en el que no deberían. Estos enlaces pueden solicitarle ingresar detalles de su cuenta e incluso contraseñas de inicio de sesión que serán grabadas por el atacante.

Cifrado

El proceso de codificación de datos usando un algoritmo conocido para que nadie pueda acceder a ellos, excepto alguien con una clave de decodificación, se llama cifrado.

Traiga Su Propio Dispositivo (BYOD)

Esta es una política implementada por muchas organizaciones que sugieren que los trabajadores pueden usar sus dispositivos personales para negocios. Una política BYOD tendrá restricciones de acceso con respecto a si el dispositivo puede o no conectarse a la red corporativa.

Prueba de Penetración

Una prueba de penetración, también conocida como pen-test, es el proceso de usar herramientas y técnicas de ataque para evaluar la seguridad de la infraestructura de una organización. Equipos internos o expertos externos son contratados para llevar a cabo la prueba para descubrir vulnerabilidades en la infraestructura de la organización, para así poder repararlas antes de encontrarse con un ataque real.

Clickjacking

Este es un ataque que engaña al usuario para que haga clic en un enlace o botón, que parece genuino, pero tiene scripts maliciosos incrustados.

Este libro solo ha cubierto la punta del iceberg en lo que respecta a terminología de ciberseguridad, pero esto servirá como plataforma de lanzamiento para una mejor comprensión.

Historia de los Ciberataques

En esta sección, revisará algunos de los ciberataques más conocidos de la historia. El ciberespacio es una comunidad abierta donde todos están conectados y pueden llegar a cualquiera sin importar el tiempo o la distancia. En la actualidad puede ser llamado una forma de vida, pero si no se utiliza con cuidado, tiene consecuencias. Existen personas notorias en el mundo que usan el ciberespacio para atacar sitios web pertenecientes a bancos, redes sociales que contienen una mina de oro de información de usuarios, e incluso gobiernos. Aquí hay algunos ciberataques modernos.

El Proyecto SpamHaus

SpamHaus es un servicio público en Internet que ayuda a filtrar correos spam basándose en su contenido o en la reputación de su origen. El ataque a SpamHaus se considera como el ciberataque más grande de la historia, donde fueron atacados usuarios de routers de banda ancha domésticos y comerciales. Los atacantes tomaron el control de estos routers, y todos estos usuarios se convirtieron en participantes involuntarios del ataque. Millones de proveedores de servicios de correo electrónico usan SpamHaus para filtrar los correos spam de Internet. El 18 de marzo de 2013, SpamHaus incluyó en su lista negra a una empresa llamada Cyberbunker, lo que trajo pérdidas a dicha compañía. Cyberbunker y otras empresas de hosting tomaron represalias al contratar hackers quienes liberaron botnets explotando routers de banda ancha para desactivar la red SpamHaus.

Sony Playstation

En 2011, un grupo de hackers robó información como los detalles de tarjetas de crédito y datos de usuarios de 77 millones de usuarios. Esto le costó a Sony alrededor de dos mil millones de dólares en daños. Otro punto negativo para la empresa ocurrió cuando los hackers podían acceder continuamente a la red de Sony utilizando los datos de inicio de sesión de los jugadores, incluso cuando la empresa intentaba solucionar el problema. Todo este ataque duró veinticuatro días.

PayPal

En diciembre de 2010, PayPal se convirtió en víctima de un ciberataque. Esto ocurrió inmediatamente después de que PayPal bloqueara la cuenta para recaudación de fondos de WikiLeaks, citando la violación de la política de uso aceptable de PayPal. Múltiples usuarios boicotearon PayPal debido a esto, y muchos hackers comenzaron a atacar a PayPal.

Hackeo al Gobierno Canadiense

En febrero de 2011, el gobierno canadiense reveló a través de múltiples canales de noticias que habían sido víctimas de hackeos realizados desde IPs que podían rastrearse hasta China. Los atacantes pudieron acceder a tres departamentos del gobierno canadiense, y robaron datos de dichos departamentos. El ataque fue finalmente detenido al cortar el acceso a Internet a esos tres departamentos, deteniendo completamente la transmisión de datos hacia China.

4chan

4chan es un sitio web en inglés usado para publicar imágenes y discutir anime y manga japonés. Fue lanzado en octubre de 2003 por un estudiante de quince años de Nueva York llamado Christopher Poole. Se permitía a los usuarios publicar anónimamente, lo que resultó ser un inconveniente para el sitio. Un usuario, Hal Turner, afirmó que fue blanco de ataques DDoS y bromas telefónicas realizadas a su programa de radio en 2006. En 2008, un usuario anónimo de 4chan hackeó la cuenta privada de correo Yahoo de Sarah Palin, una candidata para las elecciones vicepresidenciales.

Citigroup

Citigroup es una de las instituciones financieras más grandes del mundo. Esto por sí solo fue suficiente incentivo para que notorios atacantes apuntaran a su red, ya que mucha información confidencial y valiosa fluía a diario a través de ella. Un ataque en 2011 a la red de Citigroup llevó al robo de información de más de 200.000 clientes, incluyendo información de contacto e información de las cuentas. La compañía sufrió un daño monetario de 2,7 millones de dólares por este ataque.

Michael Calce

En el año 2000, un chico de quince años llamado Michael Calce, conocido popularmente en el ciberespacio como "Mafiaboy", ganó la atención por hackear empresas de alto perfil como el gigante informático Dell, Fifa.com, Yahoo, Amazon, CNN y eBay, causando daños avaluados en 1,2 mil millones de dólares. También atacó nueve de los trece servidores de nombres raíz del espacio de dominio de Internet. Al ser un menor, Calce se salió con la suya recibiendo solo ocho meses de custodia abierta, un año de libertad condicional y una pequeña multa. El Tribunal Juvenil de Montreal tampoco le permitió poseer ningún dispositivo capaz de conectarse a Internet por ocho meses.

Capítulo Dos: Ciberataques y 10 Tipos de Hackers Cibernéticos

El Internet que usted conoce hoy nació en la década de 1960, y solo era accesible para unos pocos científicos, investigadores y los Departamentos de Defensa en ese momento. Sin embargo, la base de usuarios de Internet ha evolucionado exponencialmente desde entonces. En los primeros días, un ciberdelito se describía como daño físico a una computadora y su infraestructura. Esta definición de ciberdelito cambió en la década de 1980 para incluir el uso de virus que causaría el mal funcionamiento de una computadora.

El efecto del cibercrimen era marginal en ese entonces, ya que Internet se limitaba principalmente a ambientes de defensa, grandes organizaciones y comunidades investigadores. Internet se lanzó para uso público en 1996, y fue instantáneamente popular con las masas hasta el punto de que cambió sus vidas. La interfaz gráfica de usuario para Internet estaba diseñada de manera simplista, haciendo más fácil para los usuarios entender las funcionalidades y características de Internet. La vida era simple, y los usuarios solo debían hacer clic en hipervínculos o escribir una URL en el navegador sin tener que pensar de dónde venían los datos en sus navegadores. No tenían que preocuparse si alguien más tenía acceso a los datos o si los datos que habían recibido fueron espiados o alterados por un atacante. A medida que Internet evolucionó, el enfoque del cibercrimen pasó de simplemente dañar físicamente una computadora o interferir los datos a cometer delitos financieros.

Internet estaba en su apogeo en 2013, y la tasa a la cual se cometían delitos cibernéticos aumentaba rápidamente. Veinticinco computadoras se volvían víctimas cada segundo, y un estimado de 900 millones de usuarios ya habían sido víctimas de cibercrímenes. Dado que casi todos en el mundo ahora poseen un teléfono inteligente, el número de víctimas ha aumentado enormemente.

Clasificación de Cibercrímenes

La mayoría de los ciberdelincuentes atacan organizaciones, ya que la mayoría de las organizaciones mantienen una base de datos o un servidor con grandes cantidades de datos sensibles acerca de sus trabajadores y clientes. Un cibercriminal puede ser un extraño o un empleado de la organización. Puede clasificar los delitos cibernéticos en dos tipos según este criterio.

Ataque Interno

Un ataque a un sistema o infraestructura por alguien que ya tiene acceso a él es un ataque interno. El atacante, en este caso, es un empleado o consultor trabajando en la organización. Estos atacantes realizan el hackeo por varias razones, como la codicia y la venganza. Alguien de adentro puede realizar fácilmente un ataque al sistema dado que él o ella está al tanto de la infraestructura, políticas y debilidades del sistema de seguridad. Este individuo también tiene acceso a la red de la organización. Por lo tanto, es relativamente fácil para alguien de adentro robar información o dañar la infraestructura. Esta persona a menudo encuentra una ventana de oportunidad para un ataque, especialmente cuando se les asignan nuevos roles en la organización. Por ejemplo, cuando una empresa desarrolla una nueva aplicación, puede no contar con los controles o políticas necesarias para proteger los datos en la aplicación. El atacante puede usar esta vulnerabilidad para perpetrar el hackeo. Los ataques internos pueden detectarse y prevenirse instalando sistemas de detección de intrusiones internamente dentro de la organización.

Ataque Externo

Los ataques externos surgen cuando alguien dentro o fuera de la organización contrata un hacker para atacar la red y los sistemas de la organización. Los ataques externos son ejecutados para causar pérdidas financieras y reputacionales a una organización. Un ataque externo necesita mayor planificación e investigación en comparación con un ataque interno. Todo ataque externo pasa por las siguientes etapas:

- Planificación
- Reconocimiento
- Escaneo
- Obtener Acceso
- Mantener el Acceso

Si el administrador de red de la organización es experimentado, él o ella constantemente verifica los registros del firewall y escanea los sistemas y la red para identificar vulnerabilidades. La organización también puede usar sistemas de detección de intrusiones para detectar y prevenir ataques externos.

Además de los ataques internos y externos, existen dos tipos más de ciberataques: estructurados o no estructurados. Esta clasificación se basa en la experiencia del atacante. La mayoría de las personas clasifican estos ataques como ataques externos, pero hay casos donde un empleado ha efectuado ataques estructurados a la organización para beneficio personal. Este tipo de ataques a menudo son realizados por empresas rivales. Pueden enviar a uno de sus trabajadores a la empresa y pedirle que recolecten información de dicha compañía. Esto se conoce como espionaje corporativo.

Ataques No Estructurados

Un ataque perpetrado por un atacante aficionado sin ningún motivo predefinido se clasifica como un ataque no estructurado. Estos ataques a menudo se ejecutan usando una herramienta de penetración fácilmente disponible en Internet. El atacante puede usar esta herramienta en la red de la empresa.

Ataques Estructurados

Un ataque estructurado es planificado y ejecutado cuidadosamente por un profesional experimentado y habilidoso con objetivos claros. Los atacantes tienen acceso a herramientas y tecnologías poderosas que les ayudan a acceder al sistema o red objetivo sin ser detectados por un sistema de detección de intrusiones. Además, un atacante también tiene el conocimiento necesario para modificar una herramienta existente para adecuarla a los requerimientos específicos del ataque.

Razones de los Delitos Cibernéticos

Un atacante puede optar por hackear un sistema o red de una organización por múltiples razones. Las siguientes son algunas razones comunes por las que ocurren los delitos cibernéticos.

Dinero

Los atacantes cometen delitos cibernéticos para obtener dinero, ya que es una manera fácil y rápida de obtener dinero. Usan métodos de hackeo como phishing y suplantación de identidad, para engañar a alguien para que revele la información de su cuenta. El atacante puede usar esta información para transferir los fondos desde la cuenta de la víctima hacia la propia.

Venganza

Algunos atacantes pueden querer cobrar venganza contra otro individuo, organización, religión o gobierno. Pueden optar por hackear a estas entidades para causar pérdidas financieras y físicas. Esta forma de ataque se conoce como ciberterrorismo. Algunos atacantes hackean sistemas y redes cuando quieren probar una nueva herramienta o software. El único objetivo de tal ataque es entender cómo funciona la nueva herramienta o software.

Reconocimiento

Algunos atacantes optan por atacar para obtener popularidad. Pueden hackear a un organismo de defensa o a una gran organización para hacerse un nombre: el anonimato.

Los ciberdelincuentes pueden garantizar su anonimato cuando realizan un ataque. Es extremadamente fácil para los ciberdelincuentes salirse con la suya con su ataque, ya que nadie sabe cómo rastrear el ataque hacia el delincuente. Este anonimato, a veces, incluso ha motivado a ciudadanos respetables a cometer un delito cibernético para beneficio personal.

Espionaje Cibernético

Algunos gobiernos pueden optar por pasar por alto la ley de privacidad de datos y rastrear todo lo que hacen sus ciudadanos. Pueden optar por hacer esto por razones políticas o económicas.

Tipos de Hackers Cibernéticos

Los hackers son curiosos acerca de cómo funcionan las redes y los sistemas informáticos. Son expertos en codificación y programación, ya que hacen todo lo posible para perfeccionar sus habilidades de programación. Dado que los hackers atacan un sistema operativo, aprenden más sobre los diferentes tipos de sistemas y encuentran su camino alrededor del sistema para identificar cualquier vulnerabilidad.

Estos son los tipos de hackers más comunes.

Hackers de Sombrero Blanco

Los hackers que tienen certificaciones y están autorizados a realizar pruebas de penetración para una organización o un gobierno para identificar vulnerabilidades en sus sistemas informáticos son los hackers de sombrero blanco, o también conocidos como hackers éticos o expertos en ciberseguridad. Son parte del equipo de seguridad en una organización, y su trabajo es prevenir un ataque al sistema y a la red de la organización. Cumplen con las reglas de enfrentamiento establecidas por la organización o el gobierno.

Hackers de Sombrero Negro

Los hackers de sombrero negro, también conocidos como crackers, quieren acceder a su sistema y red y robar, manipular o destruir sus datos. Implementan prácticas comunes de hackeo para sus ataques. Son infractores de la ley o delincuentes, y es fácil distinguir entre un hacker de sombrero blanco y uno de sombrero negro basándose en sus objetivos.

Hackers de Sombrero Gris

Estos son hackers que caen en un espectro entre los hackers de sombrero blanco y de sombrero negro. Dado que no están certificados como expertos en ciberseguridad, pueden optar por trabajar en favor o en contra de la organización. Los motivos del hacker determinan si es un hacker de sombrero blanco o de sombrero negro.

Script Kiddies

Los script kiddies son conocidos por ser las personas más peligrosas en el mundo hacker, ya que carecen de experiencia y conocimiento. Usan cualquier herramienta maliciosa o software disponible en Internet sin aprender para qué se usa. Tampoco tienen idea acerca del daño que pueden causar a la red o al sistema. Atacan computadoras y redes con la intención de marcar su presencia en el mundo hacker.

Hackers de Sombrero Verde

Los hackers de sombrero verde también son aficionados al mundo hacker, pero existe una diferencia entre ellos y los script kiddies. Tienen poco conocimiento sobre el hackeo y trabajan en desarrollar las habilidades necesarias para hackear, ya que les apasiona convertirse en hackers profesionales. Se inspiran en otros hackers y se mantienen en contacto con ellos para aprender a hackear.

Hackers de Sombrero Azul

Los hackers de sombrero azul son script kiddies que tienen algo de conocimiento acerca de hackear. Se diferencian de los hackers de sombrero verde ya que efectúan hackeos con intenciones maliciosas. Sin embargo, no tienen intención de desarrollar las habilidades necesarias para llevar a cabo el ataque.

Hackers de Sombrero Rojo

Los hackers de sombrero rojo, también conocidos como hackers ojo de águila, son como los hackers de sombrero blanco. Hacen todo lo posible para contrarrestar cualquier ataque perpetrado por hackers de sombrero negro. La diferencia es que los hackers de sombrero rojo son despiadados y destruyen la red y los sistemas usados por los hackers de sombrero negro.

Hackers Patrocinados por el Estado

Como sugiere el nombre, un país o estado contrata a estos hackers para hackear otros países o los sistemas de otros estados para extraer información referente a la defensa. Están en la nómina del estado.

Hacktivista

La versión en línea de un activista se conoce como hacktivista. Son hackers anónimos, y atacan a sistemas gubernamentales por razones sociales y políticas.

Denunciante

Un trabajador de un gobierno o una organización que siente que su institución no es ética y realiza actividades ilegales puede optar por denunciarlo en contra de su conciencia. También puede hacer esto para beneficio personal. Este tipo de hacker se conoce como denunciante.

Herramientas Comunes Usadas por los Hackers

Los hackers usan numerosas herramientas para ejecutar el ataque perfecto. Las siguientes son las herramientas más comunes en el maletín de un hacker.

Rootkit

Un rootkit es una aplicación o un conjunto de herramientas que permite a los hackers obtener control remoto de una computadora o red de computadoras conectada a Internet. El rootkit fue desarrollado originalmente para abrir puertas traseras en cualquier software para que pudiera ser reparado o actualizado con parches. Los hackers ajustaron esta aplicación para satisfacer sus necesidades. Ahora usan esta herramienta para controlar el sistema operativo.

Los rootkits pueden ser instalados de varias maneras en un sistema objetivo. Los métodos más populares son el phishing y la ingeniería social. Una vez que los rootkits han sido instalados en un sistema objetivo, el hacker puede controlar ese sistema. Pueden destruir o robar información confidencial de ese sistema.

Keyloggers

Los keyloggers son herramientas capaces de grabar cada tecla presionada en el teclado. Los keyloggers se adhieren a la interfaz de programación de aplicaciones de cualquier aplicación, y registran cada pulsación de tecla hecha por el usuario cuando accede a la aplicación. Las pulsaciones grabadas son guardadas en un archivo que contiene datos sensibles, como nombres de usuario, contraseñas, URL de sitios web, aplicaciones abiertas, etc.

Los keyloggers dan miedo, ya que pueden grabar detalles de tarjetas de créditos, números de teléfonos móviles, mensajes personales escritos en aplicaciones de correo electrónico, etc. siempre que se hayan escrito usando el teclado. Los keyloggers son plantados usando malware como caballos de Troya en la computadora de un objetivo.

Escáneres de Vulnerabilidades

Como indica su nombre, un escáner de vulnerabilidades se usa para escanear redes y sistemas computacionales para identificar vulnerabilidades o brechas. Los hackers éticos suelen utilizar esta herramienta para identificar las lagunas en un sistema para que puedan ser reparadas lo antes posible. Los hackers de sombrero negro también aprovechan los escáneres de vulnerabilidades para descubrir debilidades en el sistema o la red de un objetivo para explotarlas.

Tipos de Delitos Cibernéticos

También es importante entender los delitos que una persona puede cometer usando plataformas digitales, como computadoras e Internet. Estos son los diversos tipos de delitos informáticos que cometen las personas en la actualidad.

Ciberacoso

Cuando alguien usa Internet para acechar a otra persona, acosarla o amenazarla, es un ciberacoso. Un ciberacosador a menudo usa aplicaciones como correo electrónico, mensajería en línea, sitios web de redes sociales, etc., para ejecutar el ciberacoso. Estos medios ofrecen anonimato. El ciberacoso incluye actividades como el acoso sexual, el seguimiento de la vida privada de alguien, acusaciones falsas, etc.

Fraude/Falsificación

Falsificar documentos es un delito. Con las aplicaciones avanzadas disponibles hoy en día, es fácil crear un documento que se vea exactamente como el original. Se vuelve difícil diferenciar entre el documento correcto y el falso a menos que sea un experto.

Pornografía Infantil

Poseer, cargar o descargar el contenido sexual de un menor es un ciberdelito. Múltiples sitios de Internet promueven la pornografía infantil y explotan a muchos menores en el mundo.

Ciberterrorismo

Algunas personas usan recursos digitales para esparcir odio contra una religión, país, etc. Este es un acto de terrorismo y se conoce como ciberterrorismo.

Piratería

El contenido se encuentra disponible digitalmente en la actualidad y puede ser fácilmente copiado y distribuido a través de Internet. La distribución de contenido que pertenece a alguien más es ilegal. Por ejemplo, la distribución ilegal de películas o música a través de Internet se clasifica como piratería y es un ciberdelito.

Vandalismo Informático

La destrucción de recursos digitales, ya sea usando métodos físicos o código malicioso, es vandalismo informático y es un ciberdelito.

Phishing

El phishing es el proceso de engañar a alguien para que revele su información confidencial, como detalles de una cuenta bancaria, por correo electrónico. El atacante envía un correo que se asemeja a los correos enviados por un banco u otra institución financiera usando un dominio similar al dominio del banco. El atacante puede pedirle a la víctima que provea información confidencial, como su número de cuenta, contraseña, etc. El atacante puede usar esta información para transferir fondos desde la cuenta de la víctima hacia la propia. Si el atacante ejecuta el ataque usando un teléfono, se conoce como vishing o phishing de voz.

Hacking

El hacking es el acto de acceder a una computadora que no le pertenece para robar, modificar o destruir datos presentes en ella. El motivo de realizar un hackeo puede ser político o social.

Difusión de Malware

Algunos hackers usan diferentes sitios web para difundir malware. Pueden hacerlo por diversión o con ciertos objetivos. El malware puede destruir sistemas y generar pérdidas financieras para una empresa o persona. Las pérdidas incluyen el costo de reparar el sistema y los datos destruidos. Si el hacker es descubierto, la empresa puede demandarlo por daños y perjuicios.

Cross-Site Scripting

Algunos hackers notorios inyectan un script del lado del cliente en el código del sitio web. Un usuario inocente que visita este sitio web termina ejecutando este script, y el script escanea las cookies en la red del usuario. El script usa las cookies para recolectar información confidencial y transferir dicha información al sistema del atacante. El atacante puede usar esta información para obtener acceso a la computadora o a las sesiones del usuario en un sitio web y usarlo para explotar financieramente al usuario.

Spamming

El acto de enviar correos electrónicos masivos no deseados e innecesarios a través de Internet se conoce como spamming. Un correo electrónico puede ser llamado como spam si es uno de los siguientes:

- Anónimo: El remitente se mantiene anónimo.

- Correo Masivo: El remitente envía un correo a múltiples usuarios.

- Correo electrónico no solicitado: El remitente no solicitó el correo electrónico.

Los correos spam no solo congestionan la bandeja de entrada de la víctima, sino que también congestionan la red.

Ciberocupación.

El acto de registrar un dominio usando la marca registrada de otra organización con la intención de luego venderla a la organización a la cual le pertenece por un alto costo es la ciberocupación.

Fraudes en Subastas en Línea

Varios sitios web en Internet llevan a cabo subastas en línea, y los cibercriminales se aprovechan de estos sitios web. Clonan el sitio, y cualquier pago realizado durante la subasta va a la cuenta del hacker.

Robos de Tiempo en Internet

Los robos de tiempo en Internet son principalmente un crimen del pasado donde un atacante roba los detalles del Proveedor de Servicios de Internet (ISP) de un usuario, y usa dicha información para navegar por Internet a costa de su tiempo. Esto significa que al usuario se le cobra por el tiempo que pasa en Internet.

Secuestro Web

Un secuestro web es cuando un atacante hackea el sitio web de una organización para mostrar información irrelevante. También pueden usar esta oportunidad para crear conciencia sobre las actividades de la organización. El secuestro web sirve a intereses políticos, sociales o económicos.

Ataque de Denegación de Servicio

DoS o Denegación de Servicio es cuando el atacante inunda una red con tráfico innecesario, de tal forma que un sitio web o un dominio se vuelva inaccesible.

Suplantación de Correo Electrónico

Los hackers manipulan los encabezados de un correo electrónico, por lo que no muestra la fuente. Esto se hace para engañar al destinatario para que revele información confidencial.

Ataque de Salami

Un ataque de salami es marginal por naturaleza y puede pasar desapercibido por un largo periodo. Un ejemplo de un ataque de salami es cuando el atacante apunta a cuentas bancarias de múltiples personas para retirar un centavo todos los días de cada cuenta. Los usuarios no se darían cuenta, pero un centavo de las cuentas bancarias de múltiples usuarios a lo largo de muchos días puede equivaler a una gran cantidad de dinero en unos pocos meses o años. Los bancos ahora monitorean cualquier retiro inusual y notifican al usuario acerca de la transacción.

Manipulación de Datos

El acto de manipular datos antes de ingresarlos en un sistema informático es corresponde a manipulación de datos. Por ejemplo, un atacante puede cambiar el salario que debe recibir de la empresa el día del cálculo de las nóminas. Pueden recibir un salario más alto de la empresa, pero el informe de la compañía informa que se les pagó el monto correcto.

Bombas Lógicas

El código malicioso inyectado en software genuino se conoce como bomba lógica. El código malicioso se activa por una acción efectuada por el usuario. Cuando el código malicioso es desencadenado, puede destruir información en el sistema o desestabilizar este sistema.

Capítulo Tres: Reconocer y Contrarrestar un Ataque de Phishing

¿Qué es el Phishing?

Mediante un ataque de phishing, un atacante intenta obtener información confidencial, como cuentas de usuarios, datos bancarios y de tarjetas de crédito, y otras credenciales importantes. Como se mencionó anteriormente, el atacante puede usar medios electrónicos, como mensajes de texto o correos electrónicos, y hacerse pasar por un usuario u organización genuina para engañar al usuario final para que haga clic en un enlace o descargue un archivo adjunto. Dado que el correo parece provenir de una fuente legítima, el usuario puede divulgar información confidencial.

Los ataques de phishing han sido puntos débiles tanto para usuarios individuales como para organizaciones. Cualquier tipo de información obtenida de un individuo u organización es valiosa, ya que puede ayudar al atacante a obtener beneficios monetarios o atacar la red usada por la organización. Además, algunos estados o naciones pueden usar ataques de phishing para obtener información confidencial de otros países.

Métodos Utilizados para el Phishing

El método más común utilizado para el phishing es un correo electrónico en el que el atacante intenta obtener información confidencial al hacer que los usuarios accedan e interactúen con sitios web maliciosos. A continuación, se muestran algunos otros métodos que los hackers usan para realizar este ataque.

- Un atacante puede manipular los enlaces en los correos electrónicos enviados a usted. Hacen esto cambiando levemente la URL, por lo que el usuario no puede diferenciar entre el enlace malicioso y el sitio web real. Por ejemplo, la mayoría de las aplicaciones basadas en la web ofrecen una función de "olvidé mi contraseña". Cuando hace clic en este botón, el sitio web le envía un correo para restablecer la contraseña. Si el hacker logra redirigir el correo electrónico, puede enviarle un enlace diferente donde ingresa su nombre de usuario y la respuesta a una pregunta de seguridad. El hacker puede usar esa información para acceder a su cuenta.

- Algunos hackers también usan la falsificación de sitios web como medio de phishing. Este es un proceso donde el atacante usa comandos de JavaScript para desarrollar un sitio web falso que parece genuino. Esto facilita el seguimiento del usuario.

- Los atacantes también usan una técnica conocida como redirección encubierta. En este proceso, infectan sitios web genuinos para lanzar ventanas emergentes. Un usuario hace clic en enlaces en la ventana emergente que lo redireccionan convenientemente hacia el sitio web del atacante.

- Los atacantes pueden liberar malware y ransomware en el sistema o la red de un usuario mediante adjuntos .exe, PDF y de Microsoft Office infectados.

- Los atacantes también pueden ejecutar ataques de phishing a través de otros medios, como mensajes de texto, llamadas telefónicas y redes sociales.

Formas Habituales para Enfrentar los Ataques de Phishing

Esta sección enumera los diferentes métodos para proteger su sistema y su red de diferentes tipos de ataques de phishing. Algunos de los métodos habituales que se utilizan son:

- Escáneres de Malware
- Actualizaciones Automáticas
- Autenticación Multifactor
- Copias de seguridad de sistema o de datos

Esto se detallará más adelante en el libro. Además de los métodos mencionados anteriormente, existen otras técnicas que puede usar para proteger su sistema y su red de los ataques de phishing.

Tipos de Phishing y Cómo Protegerse de Ellos

Phishing Engañoso

El phishing engañoso es el tipo más común de ataque de phishing. El atacante usa phishing engañoso al imitar a un remitente de correo electrónico u organización genuina para engañar al usuario para que proporcione información personal o datos de inicio de sesión. Esto se hace mediante el uso de correos electrónicos. El contenido del correo crea una sensación de urgencia, haciendo que el usuario entre en pánico y haga exactamente lo que el atacante pretende.

Por ejemplo, el atacante puede enviar un correo electrónico a uno o más usuarios diciéndoles que su crédito será desactivado si no realizan el pago usando el enlace en el cuerpo del correo electrónico. Cuando el usuario hace clic en el enlace, se le redirige al sitio web del atacante, que es una réplica del banco o portal de pago. Luego, el usuario ingresa los detalles de su tarjeta de crédito, incluyendo la fecha de vencimiento y código de seguridad. El atacante ahora tiene toda la información necesaria para efectuar transacciones fraudulentas con la tarjeta de crédito del usuario.

El éxito de un ataque de phishing engañoso depende de qué tanto se parezca el correo al mail de la organización real. Los usuarios deben revisar tanto las URL de la dirección de correo electrónico como de los enlaces en el cuerpo del correo para protegerse antes de hacer clic en el enlace o descargar cualquier archivo adjunto. Otras indicaciones comunes de un correo electrónico de phishing engañoso incluyen errores ortográficos y gramaticales, así como saludos genéricos.

Spear Phishing

No todos los ataques de phishing utilizan técnicas de "disparar y esperar" ni son sin personalización. Muchos ataques de phishing dependen en gran medida de correos y mensajes personalizados, y aquí es donde el spear phishing entra en juego.

Los ataques de spear phishing se aseguran de que el nombre, dirección, número telefónico, empresa, cargo, perfil de trabajo, etc., se incluyan en el cuerpo del correo electrónico para que el receptor esté convencido de que tiene una relación con el remitente. En última instancia, el objetivo del spear phishing es el mismo del phishing engañoso: engañar al usuario para que haga clic en un enlace malicioso o para que descargue un archivo adjunto malicioso. El atacante puede usar cualquiera de los dos métodos para obtener información confidencial. Se requiere mucho esfuerzo para crear un correo de spear phishing, ya que el atacante debe obtener algo de información personal del objetivo. Por lo tanto, sitios web sociales como LinkedIn son un lugar frecuente para los atacantes de spear phishing desde donde intentan obtener tanta información personal de un objetivo como sea posible.

La organización debe realizar regularmente capacitaciones específicas para asegurarse de que sus usuarios no respondan a dichos correos electrónicos. Las empresas también deben invertir en tecnologías que analicen los correos electrónicos entrantes en busca de malwares conocidos.

Ataque de Caza de Ballenas

El spear phishing se puede usar para atacar a cualquiera en una organización, incluidos los altos ejecutivos, y este es un ataque de caza de ballenas. El atacante apunta a las ballenas o los ejecutivos de alto nivel para robar su información y credenciales de inicio de sesión.

Un ataque de caza de ballenas exitoso puede conducir al fraude del CEO. Como sugiere su nombre, el fraude del CEO es cuando el atacante usa el correo electrónico del CEO para autorizar grandes transacciones financieras una vez que reciben su información bancaria. Otra aplicación de la caza de ballenas es cuando los atacantes usan la cuenta de correo electrónico del ejecutivo para solicitar información personal de otros empleados, de modo que puedan presentar declaraciones de impuestos falsas usando los datos de los empleados. También pueden optar por vender esta información en línea.

La mayoría de los atacantes se salen con la suya con los ataques de caza de ballenas, ya que la alta dirección en la mayoría de las organizaciones es ignorante acerca de la seguridad informática. La caza de ballenas puede evitarse simplemente haciendo que la capacitación en conciencia de seguridad sea obligatoria para todos los empleados, incluida la alta dirección. Las empresas también deben implementar procesos de autenticación de dos factores para las transacciones financieras, para asegurarse de que no se puedan completar solo por correo electrónico.

Vishing

Los ataques anteriores de phishing dependen exclusivamente del correo electrónico como medio para el ataque. Sin duda, el correo electrónico es el medio más popular de phishing, pero a menudo los atacantes también recurren a otros medios.

El vishing es una técnica de phishing que usa llamadas telefónicas para engañar a los usuarios. Cuando el teléfono ganó popularidad, la gente solo se comunicaba usándolo. Sin embargo, con el avance de la tecnología actual, se pueden hacer llamadas utilizando Voz sobre Protocolo de Internet VoIP, donde un atacante puede imitar organizaciones genuinas para robar información de un usuario.

Existen varias formas de vishing. Por ejemplo, en septiembre de 2019, un grupo de atacantes lanzó un ataque de vishing a los miembros del parlamento y otro personal parlamentario en el Reino Unido para robar sus contraseñas. Ese mismo año, hubo otro ataque de vishing donde los atacantes pretendieron ser la alta dirección de una organización alemana y obligaron a su filial en el Reino Unido para que entregara información para robar dinero por un valor de 243.000 dólares.

La manera más simple de evitar el vishing es nunca contestar llamadas de números desconocidos, usar una aplicación para la identificación de llamadas, y nunca divulgar información personal a nadie por teléfono.

Smishing

El vishing no es el único método donde los atacantes usan un teléfono para implementar un ataque de phishing. Los atacantes también usan mensajes de texto para efectuar un hackeo, y esta forma de hackeo se conoce como smishing. El mensaje contiene un enlace o un número telefónico al que el receptor debe hacer clic o llamar.

Los atacantes de smishing también pretenden ser entidades genuinas. En febrero de 2019, Nokia envió una advertencia a todos en el mundo donde los smishers pretendían ser Nokia y enviaban mensajes a los usuarios que decían que habían ganado dinero o un vehículo. Cuando los hackers iniciaron la estafa, pedían a los usuarios enviar un monto nominal como tarifa de registro para reclamar el vehículo que habían ganado.

En el mismo año, hubo una historia de una mujer que fue víctima de un ataque de smishing. La mujer tenía cáncer, y los smishers la engañaron haciéndole creer que eran del gobierno, ofreciéndole una subvención para pagar su tratamiento. Los atacantes le pidieron hacer un pago inicial nominal y pagar impuestos para poder optar a la subvención.

Nuevamente, la forma más simple de evitar un ataque de smishing es mirar el número que le está enviando un mensaje, y luego decidir hacer algo al respecto. Alternativamente, también es una buena idea llamar a la compañía citada en el mensaje y verificar si realmente envió dicho mensaje.

Pharming

Los atacantes están conscientes de que los usuarios se están volviendo más sabios y están siendo capacitados contra las estafas comunes de phishing. Por lo tanto, la mayoría de los atacantes ya no usan métodos en los que necesitaban usar carnadas para obtener información confidencial. Ahora usan pharming, donde se aprovechan del envenenamiento de caché en el Sistema de Nombres de Dominio. El Sistema de Nombres de Dominio, o DNS por sus siglas en inglés, es un sistema de nombres utilizado por Internet para convertir cadenas de direcciones de IP como google.com en una IP numérica para llevar al usuario al sitio web de Google.com.

Cuando un atacante emplea la técnica del envenenamiento de caché DNS, ataca un servidor DNS y cambian la IP de un determinado sitio web a su propia IP. Esto significa que el atacante puede redirigir a un usuario a su sitio web en lugar de al genuino. Esto ocurre incluso si el usuario ingresa el nombre correcto del sitio web.

Los ataques de pharming pueden ser evitados capacitando a los usuarios y empleados para que ingresen información confidencial solo en sitios web protegidos por un certificado digital y resueltos en el protocolo HTTPS. Una empresa también debe instalar soluciones antivirus y antimalware en todos los dispositivos oficiales y actualizar regularmente las firmas de virus. Los proveedores de servicios de Internet también deben tomar medidas proactivas para proteger sus redes.

Identificar un Correo de Phishing

En esta sección se discutirá un ejemplo, para que pueda comprender cómo es un correo electrónico de phishing, cómo identificarlo, y qué medidas se pueden tomar para evitar ser engañado por dichos correos.

¿Qué es la Suplantación de Identidad de Correo Electrónico?

La suplantación de identidad de correo electrónico es una metodología bajo el término general de phishing de correo electrónico donde un atacante manipula los encabezados de un correo para hacer que la fuente del correo parezca genuina, incluso cuando proviene de una fuente ilegítima, como el sistema del atacante. Los atacantes están conscientes de que los usuarios confían en un correo electrónico siempre que la dirección de correo del remitente se parezca a una dirección que hayan visto antes. El motivo de la suplantación de correo electrónico es engañar al usuario haciéndole creer que el correo que ha recibido es importante, y que el remitente realmente está solicitando información.

Identificando un Correo Electrónico Falsificado

Hay dos maneras de identificar un correo electrónico falsificado:

Si el asunto es similar a cualquiera de los siguientes ejemplos, el correo no es válido:

- Su cuenta de correo electrónico abc@ejemplo.com fue hackeada

- Urgente: Cambie inmediatamente la contraseña de su cuenta de correo electrónico

- Su cuenta bancaria fue hackeada

- Alerta de Seguridad: Guarde sus cuentas de correo electrónico

Si el contenido del correo pide la siguiente información, se trata de un correo electrónico falsificado:

- Datos personales o datos de su cuenta bancaria

- Solicitarle que envíe dinero a una cuenta en particular

- Enlace de restablecimiento de contraseña a pesar de que no solicitó un cambio de contraseña

- Otros enlaces desconocidos para verificar datos

¿Cómo confirma que el correo electrónico es de hecho fraudulento o spam a partir de los encabezados del correo?

Puede determinar la autenticidad del correo electrónico buscando cualquiera de los siguientes parámetros dentro de la fuente del correo:

Received-SPF

SPF es una implementación de autorización a través de un registro TXT DNS en la zona DNS del dominio para autorizar que los correos electrónicos sean enviados solo desde fuentes autorizadas. La sintaxis contiene una dirección IP agregada por el propietario del dominio, lo que significa que la verificación de SPF en los encabezados del correo electrónico será superada solo si el correo se originó de dicha IP. Si el correo se originó de cualquier otra IP, la verificación SPF falla, y los correos son redirigidos a la carpeta de correo no deseado del destinatario.

X-CMAE-Score – 100

Esta es la puntuación de spam del correo. El servidor de correo electrónico del destinatario tiene determinadas comprobaciones de correo no deseado basadas en la puntuación de spam asignada al correo, siendo 100 el más alto.

Así es como se ve el encabezado de un correo electrónico. Puede acceder al encabezado viendo la fuente original de un correo en la interfaz del proveedor de correo, como gmail.com.

Las preguntas más frecuentes que se hacen cuando un usuario recibe un correo de este tipo son:

¿Mi cuenta está comprometida si recibo un correo de este tipo?

No, su cuenta de correo electrónico no está comprometida de ninguna manera. El correo recibido es spam o falso.

¿Por qué el servidor no clasifica esos correos como no deseados?

La mayoría de los servidores cuentan con controles estrictos de correo electrónico que clasifican estos mensajes como spam. Estos correos son movidos automáticamente a la carpeta spam del correo del usuario, pero hay ocasiones en las que estas comprobaciones pueden omitir un correo.

¿Puedo evitar completamente recibir un correo falsificado?

No, en todos los casos, el spammer puede usar un asunto diferente y un cuerpo diferente, por lo que crear un filtro global no ayudará. Este filtro podría bloquear correos legítimos.

Correo de Referencia: (Plantilla Utilizada)

¡Hola, extraño!

He hackeado tu dispositivo porque te envié este mensaje desde tu cuenta. Si ya has cambiado tu contraseña, mi malware la interceptará cada vez. Es posible que no me conozcas, y posiblemente te estás preguntando por qué estás recibiendo este correo, ¿verdad?

De hecho, publiqué un programa malicioso sobre adultos (pornografía) de algunos sitios web, y sabes que visitaste esos sitios para disfrutar (sabes a lo que me refiero). Mientras mirabas videoclips, mi troyano comenzó a funcionar como un RDP (escritorio remoto) con un registrador de teclas que me dio acceso a tu pantalla y a tu webcam.

Inmediatamente después de esto, mi programa recopiló todos tus contactos de messenger, redes sociales y también de correo electrónico. ¿Qué he hecho? Hice un video en doble pantalla. La primera parte muestra el video que viste (tienes buen gusto, sí... pero extraño para otras personas normales y para mí), y la segunda parte muestra la grabación de tu webcam.

¿Qué deberías hacer?

Bueno, creo que $608 (dólares estadounidenses) es un precio justo por nuestro pequeño secreto. Harás un pago en Bitcoin (si no lo sabes, busca "cómo comprar Bitcoins" en Google).

Dirección BTC: 1GjZSJnpU4AfTS8vmre6rx7eQgeMUq8VYr (Esto distingue entre mayúsculas y minúsculas, por favor cópiala y pégala)

Observaciones: Tienes dos días (48 horas) para pagar. (Tengo un código especial, y en este momento, sé que has leído este correo electrónico. Si no recibo Bitcoins, enviaré tu video a todos tus contactos, incluyendo a tus familiares, colegas, etc.

Sin embargo, si me pagas, destruiré inmediatamente el video, y el troyano se destruirá a sí mismo.

Si quieres obtener una prueba, responde, "¡Sí!" y reenvía esta carta a ti mismo. Y definitivamente enviaré tu video a doce contactos. Esta oferta no es negociable, por lo que no desperdicies mi tiempo ni el de otras personas respondiendo a este correo. ¡Adiós! Por favor, investiga el problema y contáctame.

El atacante envió este correo falsificando la dirección de correo electrónico del usuario, haciéndole creer que tiene acceso a la cuenta de correo del usuario. Si mira el contenido, el atacante está intentando convencer a un usuario inocente diciendo que tiene acceso a la computadora del usuario incluso cuando no lo tiene. El usuario, si no tiene cuidado, le creerá al atacante y cederá a sus solicitudes. Sin embargo, examinar los encabezados del correo, ayudará al usuario a comprender si este atacante realmente tiene acceso a su correo o si simplemente está mintiendo.

La mayoría de los tipos de situaciones de phishing se han cubierto en este capítulo, con un ejemplo de phishing de correo electrónico. Puede usar esto como una guía para ayudarlo a identificar y evitar cualquier ataque de phishing. Esto no garantiza que pueda reconocer todo intento de phishing. Los atacantes también investigan y aprenden más acerca del comportamiento de los usuarios, y utilizan esta información para mejorar sus ataques. Teniendo esto en cuenta, los usuarios y las organizaciones deberían capacitarse para aprender más sobre cualquier técnica nueva de phishing que los hackers utilizan en la actualidad.

Capítulo Cuatro: Cómo Identificar y Eliminar el Malware

Malware es un término general para diferentes tipos de software malicioso, como spyware, ransomware y virus. El malware es un código desarrollado por los atacantes para atacar un sistema y sus datos asociados o acceder a la red de un tercero. El medio utilizado para liberar malware suele ser el correo electrónico. El correo contiene enlaces o adjuntos que, cuando se hace clic en ellos o se descargan, provocan la ejecución del código malicioso.

El malware apareció a finales de la década de 1970, con la introducción del virus Creeper, que amenazaba a usuarios individuales y organizaciones. Desde entonces, el mundo ha visto miles de variantes de malware, todas con la misma intención: interrupción y destrucción de servicios.

El malware contiene cargas que son desplegadas en los sistemas objetivo de varias formas. Los motivos del atacante van desde exigir dinero hasta robar información, y están comenzando a volverse más inteligentes con sus técnicas de ataque. Aquí hay diferentes tipos de malware presentes en la actualidad.

Tipos de Malware

Algunos de estos términos ya han sido discutidos brevemente en la sección de terminología de ciberseguridad en el Capítulo Uno. En esta sección, entenderá algunos de ellos con más detalle.

Virus

Virus es un término genérico usado por los usuarios habituales de computadoras y los medios de comunicación para referirse a cualquier malware que aparezca en los titulares. Sin embargo, es injusto decir que todo malware es un virus. Un virus informático se adhiere a los archivos en su sistema o apunta a dichos archivos y se activan cuando el usuario los ejecuta. Por ejemplo, un usuario puede ejecutar un documento PDF normal, y el virus puede haberse filtrado a través de un código incrustado.

El dominio digital no suele tener virus puros en la actualidad, ya que representan menos del diez por ciento del software malicioso. Esto es algo bueno. El virus es el único subgénero de malware que se encuentra en un archivo y luego se propaga a otro archivo. Dada esta naturaleza, limpiar los virus se vuelve una tarea difícil, ya que continúan propagándose. Limpiar los virus siempre ha sido complicado, e incluso las mejores soluciones antivirus tienen dificultades con ello. La mayoría de las soluciones antivirus solo son capaces de detectar y poner en cuarentena a los archivos infectados. No pueden limpiarlos, y, por lo tanto, solo terminan borrando esos archivos como último recurso. Uno podría afirmar que cuál es el daño de eliminar archivos, pero si esos archivos son esenciales para el funcionamiento de su aplicación o aplicación web, su eliminación provocará un mal funcionamiento de su aplicación o sitio web.

Gusanos

La historia de la existencia de los gusanos es anterior a la de los virus. Han estado presentes incluso desde el desarrollo de los mainframes. Se hicieron populares en la década de 1990 con la introducción del correo electrónico, y los expertos en seguridad estaban frustrados con los gusanos que llegaban como archivos adjuntos dentro de los correos. Un empleado abriría un correo con un gusano, y la organización completa estaría infectada en poco tiempo.

Lo que distingue a un gusano de un virus es que un gusano se autorreplica. Por ejemplo, el gusano Iloveyou, en los días de su creación, se apoderó del mundo afectando correos electrónicos, sistemas telefónicos, redes de televisión, etc. Otros gusanos populares, como el MS Blaster y el SQL Slammer, también se aseguraron de ser recordados para siempre en la historia de la seguridad informática.

Un gusano es extremadamente peligroso porque puede propagarse como la pólvora sin interacción alguna del usuario. En contraste, los virus necesitan que un humano los active y luego infectan a otros archivos. Los gusanos pueden depender solo de los archivos y procesos en el sistema para ejecutarse.

Por ejemplo, el SQL Slammer aún mantiene el récord hasta la fecha por explotar una vulnerabilidad en Microsoft SQL, por crear desbordamientos de búfer en cada servidor SQL con conexión a Internet dentro de diez minutos.

Troyanos

Los atacantes han pasado de gusanos a troyanos como arma para implementar ataques. Los troyanos fingen ser programas o archivos genuinos, pero tienen códigos maliciosos incrustados. Los troyanos han estado presentes en el mundo digital incluso antes que los virus, y son el malware más popular entre los ciberdelincuentes en la actualidad.

Al igual que los virus, incluso los troyanos necesitan la interacción del usuario para ejecutarse. Los troyanos usan correos electrónicos o sitios web maliciosos como medio para llegar a un sistema objetivo. El tipo de troyano más popular y habitual es un antivirus falso. Posiblemente haya visto ventanas emergentes mientras visita ciertos sitios web que dicen que su computadora está infectada, y le pude descargar software para limpiar el virus. Puede creer que esto es verdad y morder el anzuelo y terminar descargando e instalando un troyano. Luego, el troyano toma el control de su sistema.

Es difícil defenderse de un troyano por dos razones.

1. Los troyanos son fáciles de codificar, y grupos de ciberdelincuentes han desarrollado kits de creación de troyanos en la actualidad.

2. Los troyanos se liberan en un sistema engañando a los usuarios, y, por lo tanto, esquivan convenientemente las defensas tradicionales como los firewalls.

Literalmente millones de troyanos son desarrollados cada mes. Los desarrolladores de antivirus hacen todo lo posible para contrarrestar los troyanos, pero las firmas son demasiadas para realizarles un seguimiento.

Malware Híbrido

El malware presente en la actualidad es una combinación híbrida de software malicioso, troyanos e incluso virus. El malware puede parecer un troyano al inicio, pero su ejecución terminará por atacar a todos los usuarios en una red, una naturaleza exhibida por los gusanos.

Los programas de malware en la actualidad se consideran programas ocultos o rootkits. Esto significa que el objetivo principal del malware en la actualidad es tomar el control del sistema operativo de la computadora, y manipularlo de tal forma de que ni siquiera los programas antimalware puedan detectarlos. La única manera de deshacerse de un malware de este tipo es desconectar el componente de memoria que tiene el control del sistema.

Otra combinación híbrida de troyanos y gusanos son bots que explotan un sistema e intentan agregarlo a un ataque hacia una infraestructura más grande. Los bots se ubican en sistemas informáticos individuales y luego reciben instrucciones de botmasters, que son servidores de comando y control para la red de bots. Las redes de bots, conocidas como botnets, pueden infestar desde algunos cientos de computadoras hasta redes de miles de servidores a través de Internet, controlados por un solo botmaster. Los botmasters a menudo alquilan estas botnets a otros delincuentes que las utilizan para sus necesidades específicas.

Ransomware

El ransomware es un malware a través del cual los atacantes cifran todos sus datos y exigen un rescate para descifrarlos. Al inicio, los atacantes solían atacar a usuarios individuales con ransomware, pero se dieron cuenta de los beneficios monetarios de atacar a instituciones más grandes, como bancos, hospitales, etc. El ransomware será discutido en profundidad más adelante.

Malware Sin Fichero

En realidad, este no es un tipo diferente de malware, pero se ha convertido en una clasificación propia basada en la forma en que se utiliza el malware para explotar a un usuario. Los malware tradicionales infectan a los sistemas tomando el control del sistema de archivos. Por otro lado, el malware sin fichero no toca el sistema de archivos, pero se propaga dentro de la memoria del sistema o usa otros componentes que no son archivos, como API, tareas programadas y claves de registro.

El malware sin fichero aprovecha un programa que se ejecuta en el sistema para convertirse en su subproceso. O usa herramientas de sistema como PowerShell en sistemas operativos basados en Windows. Los atacantes han comenzado a usar los malware sin fichero porque son difíciles de detectar.

Por ejemplo, Operation Cobalt Kitty es un malware sin fichero que se ha vuelto popular por infectar PowerShells y atacar a empresas asiáticas durante seis meses. el malware se implementó en los sistemas objetivo usando correos electrónicos de spear phishing.

Adware

Si se ha encontrado con malware solo en forma de adware, considérese afortunado. El adware infecta a una computadora y sigue haciendo aparecer anuncios no deseados. Los anuncios más comunes que aparecen a través de adware redirigen a los usuarios a sitios web que contienen promociones de otros productos. El adware es potencialmente inofensivo, pero puede resultar muy molesto.

Publicidad Maliciosa

No confunda esto con adware. La publicidad maliciosa usa anuncios genuinos para enviar archivos maliciosos a un sistema objetivo. Por ejemplo, un atacante podría pagarle a un sitio web para que coloque un anuncio malicioso en su página. Un usuario que haga clic en el anuncio será redirigido al sitio web del atacante o instantáneamente descargará malware en el sistema del usuario. A menudo, el malware en los anuncios se ejecuta sin interacción del usuario, una técnica llamada drive-by-download.

Ha habido casos en los que los atacantes han hackeado grandes motores de anuncios como Yahoo para desplegar malware a través de sus anuncios en sitios web más grandes, como Spotify, el New York Times, la Bolsa de Valores de Londres, etc.

Los atacantes usan la publicidad maliciosa para hacer dinero. Liberan malware a través de anuncios que son capaces de minar criptomonedas e infectar con ransomware.

Spyware

El spyware es un tipo de malware usado por los atacantes para espiar las actividades de una persona. Es utilizado mayoritariamente por personas en una relación sentimental para espiarse entre sí, pero los atacantes también utilizan spyware para entender la actividad de un objetivo y registrar sus pulsaciones de teclas.

Un escáner normal puede detectar spyware y ayudarlo a desinstalarlo.

Virus vs Malware

Es una práctica común para las personas en la actualidad utilizar las palabras malware y virus indistintamente, pero no son lo mismo. La diferencia es que malware es el término principal, y un virus puede ser un tipo de malware. En términos simples, un virus puede ser malware, pero no todo malware es un virus.

Si se representa como un diagrama de Venn, se vería así. Un virus es un subconjunto de malware, que a su vez es un subconjunto de una amenaza.

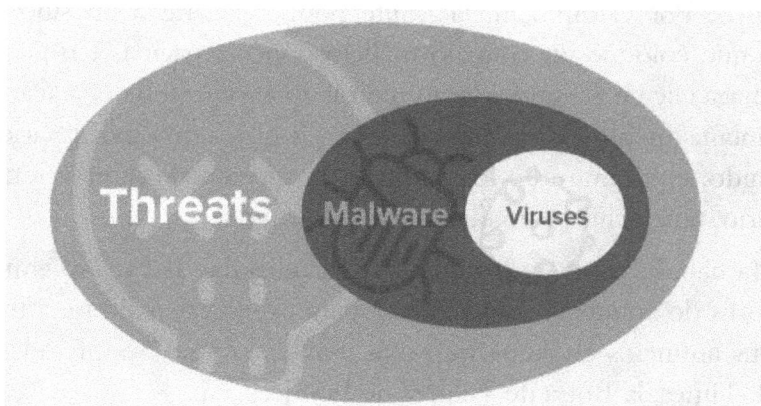

Sabiendo esto, es posible que ahora tenga las siguientes preguntas.

¿Por qué hay confusión si son diferentes?

El reconocimiento arraigado de nombres es el responsable de la confusión entre virus y malware. Una vez que se introduce una palabra en la cabeza de alguien, tiende a quedarse allí. Por ejemplo, Xerox es una compañía que se ocupa principalmente de fotocopiadoras. Sin embargo, desde el principio, una fotocopiadora se conocía como una xerox, y el término ha perdurado.

¿Cómo puede saber si su sistema tiene un virus o malware?

Un virus infectará principalmente a un archivo y se replicará hacia otros archivos. Ese es el trabajo de un virus si es puramente un virus. Sin embargo, si el virus se implementó como malware, la indicación más común es que su sistema se ha ralentizado.

¿Necesita tanto antivirus como antimalware?

En la actualidad, las soluciones antivirus y antimalware son lo mismo. Ningún proveedor le dará una solución que solo busque virus y omita el análisis de otros malware como gusanos, troyanos, ransomware, etc

Una buena solución de seguridad escaneará archivos locales en su sistema y también monitoreará su actividad en línea a través del correo electrónico y sitios web por los que navega. Si visita un sitio web malicioso, su solución de seguridad ni siquiera le permitirá que se cargue en el navegador.

Protegiéndose del Malware

Si siente que su sistema está infectado, siga inmediatamente los pasos que se indican a continuación.

Instale/Actualice su Antivirus

Si no tiene una solución antivirus, compre una e instálela inmediatamente. Es un pequeño precio a pagar por la salud de su sistema y los datos importantes que contiene. Puede confiar en proveedores como Norton Security, Kaspersky, McAfee y Avast, entre muchos otros. La mayoría de estas soluciones tienen una calificación de 4,5 estrellas. Ejecute un escaneo profundo una vez que haya instalado el antivirus y déjelo correr incluso si le toma mucho tiempo. El único problema es que si el malware es muy avanzado; sabrá cómo desactivar el antivirus.

Si ya tiene una solución antivirus y no ha podido detectar el malware, probablemente significa que no ha actualizado sus firmas. El trabajo no termina simplemente al instalar una solución antivirus. Nuevos malware son desarrollados todos los días, y por lo tanto, debe actualizar sus firmas de antivirus para que puedan detectar este nuevo malware. Está abriendo su sistema a nuevo malware si su antivirus está atrasado por incluso un día en las actualizaciones.

Restauración del Sistema

La mayoría de los sistemas operativos, como Microsoft Windows, tienen una función llamada restauración del sistema. Esto básicamente almacena una imagen de todo su sistema a intervalos regulares. Esto significa que si su sistema fue infectado por un malware hoy, y está disponible un punto de restauración del sistema para ayer, podría restaurar su sistema a cómo estaba ayer, lo que eliminará el malware.

Sin embargo, a veces el código de malware se escribe para que no pueda ejecutar la restauración del sistema. En tales casos, podría tener que reiniciar su sistema para habilitar el modo seguro y luego intentar ejecutar una restauración del sistema.

Desconéctese de Internet

Si hay malware que está siendo usado para robar información de su computadora, significa que alguien está controlándola remotamente a través de Internet. El primer paso para lidiar con esto es desconectarse completamente de Internet. Desconecte el cable Ethernet, desactive el Wi-Fi e incluso apague el router si es necesario.

Podría argumentar que su antivirus no se actualizará si se desconecta de Internet, pero puede instalarlo a través de una solución fuera de línea. Al menos estará tranquilo de que el atacante ya no tiene acceso a su información.

Obtenga una Solución Antivirus Portable

Si todo falla y ni siquiera se le permite instalar un antivirus, significa que el malware ha tomado control del sistema operativo. Necesitará encontrar una manera para tomar el control sin tener que lidiar con el sistema operativo.

En tales casos, puede usar soluciones antivirus portátiles que se pueden cargar en una unidad USB. Algunas de ellas son ClamWin, Kaspersky Security Scan, McAfee Stinger y Microsoft Safety Scanner. Puede, de hecho, tener a todas ellas en una unidad USB y ejecutar escaneos individuales sin causar ningún conflicto.

Las secuelas de una infección por malware pueden ser difíciles al comienzo. Es como volver a vivir en una casa que fue robada. Tomará tiempo volver a sentirse seguro. Una vez que esté de regreso, tome las medidas necesarias para aumentar la seguridad de su sistema. Obtenga las mejores soluciones de seguridad, incluso si cuestan un poco. También, desinstale el software no deseado a intervalos regulares y elimine los archivos temporales. Puede ser despiadado y estricto, pero también cuidadoso al mismo tiempo.

Capítulo Cinco: Recuperándose del Ransomware

En los últimos años, es posible que haya oído hablar del término Ransomware en su oficina o en las noticias. ¿De qué se trata todo el alboroto? Quizás recibió una ventana emergente en su computadora diciendo que su sistema está infectado por ransomware. Este capítulo arroja luz sobre qué es el ransomware, sus tipos, un poco de historia, y qué debe hacer para proteger sus sistemas.

Definiendo Ransomware

Ransomware es la conjunción de las palabras ransom (rescate) y malware. Es un malware que infecta su computadora y cifra todos los datos en él, impidiéndole acceder a ellos. Exige el pago de un rescate si desea acceder a los datos nuevamente. El ransomware apareció por primera vez en la década de 1980 y los pagos se exigían por correo postal. En la actualidad, el ransomware está mucho más evolucionado, y los hackers exigen pagos mediante tarjetas de crédito o criptomonedas.

¿Cómo Puede Infectarse?

Los atacantes usan el ransomware de diferentes maneras para infectar su sistema. Una manera habitual de hacer esto es llenar su bandeja de entrada o escritorio con spam malicioso, también conocido como malspam, donde el medio usado para distribuir el spam es el correo electrónico. El correo contiene archivos adjuntos maliciosos, como documentos de Word o archivos PDF, o incluso hipervínculos hacia sitios web de terceros.

El método de malspam emplea tácticas de ingeniería social para hacerle creer a la gente que el correo y sus adjuntos son genuinos. El hacker hace esto haciéndoles parecer como si vinieran de una fuente confiable. Los atacantes también usan ingeniería social en ataques de ransomware donde fingen ser el FBI para asustar a los usuarios y hacerlos pagar para acceder a sus archivos.

La publicidad maliciosa es otro método popular de infección por malware que alcanzó su punto máximo alrededor de 2016. Como el nombre sugiere, la publicidad maliciosa emplea el método de publicidad en línea para difundir el ransomware. Este tipo de ransomware no interactúa demasiado con los usuarios. Incluso hoy, puede encontrarse con sitios web llenos de anuncios que lo redirigen a sitios web de terceros sin su permiso. Estos sitios web de terceros se mantienen para registrar todas sus actividades e información. Luego liberan el malware en su computadora. A menudo, este malware resulta ser ransomware. La publicidad maliciosa usa una tecnología llamada iframe que contiene malware escondido en elementos HTML invisibles. Este iframe lo redirigirá hacia un sitio web malicioso, y el malware será convenientemente liberado en su computadora desde este sitio web mediante un exploit kit. Este proceso se conoce como drive-by-download, ya que todo ocurre sin que el usuario sepa qué está pasando.

Tipos de Ransomware

El ransomware se clasifica en tres tipos según su gravedad.

Scareware

Scareware es un tipo de ransomware usado para realizar estafas de soporte técnico en software de seguridad antiguo. Puede recibir ventanas emergentes en su dispositivo pidiéndole que descargue cierta información de un sitio web. La ventana puede decir que hay un virus en su sistema, por lo que hace exactamente lo que dice dicha ventana, y descubre que su sistema está infectado con un virus. Si ignora el mensaje, aparecerán otras ventanas emergentes. Sin embargo, sus archivos aún estarán a salvo.

Si tiene una solución antimalware de un proveedor genuino, ejecútela y vea si hay algún virus en su sistema. Si no tiene una solución antimalware en su computadora, descargue una inmediatamente antes de recurrir a descargar cualquier cosa del enlace que comparten con usted.

En este caso, el atacante está mintiendo e intentando asustarlo con la esperanza de que caiga en la trampa.

Bloqueadores de Pantalla

Este tipo de ransomware es de nivel naranja o de tipo medio. Como su nombre indica, esta forma de ransomware bloquea el sistema dejando al usuario fuera de él. Cuando el usuario intenta desbloquear el sistema, solo pueden ver el logo del Departamento de Justicia de los Estados Unidos o del FBI. El mensaje en la pantalla puede decir que usted fue sorprendido haciendo algo ilegal, y por lo tanto, debe pagar una multa.

En primer lugar, es importante señalar que ninguna institución jurídica bloqueará su computadora ni solicitará un pago. Si el FBI sospecha de usted, lo contactará directamente mediante canales legales.

Si se encuentra en una situación donde su pantalla está bloqueada y no puede entrar al sistema sin hacer un pago, su sistema ha sido hackeado.

Ransomware de Cifrado

Esta es la forma más peligrosa de ransomware porque un atacante libera un ransomware de cifrado en el sistema de la víctima y cifra todos los archivos, por lo que la víctima no puede acceder a ellos. Exigen un pago para descifrar todos los archivos al estado original nuevamente. Se considera la forma más peligrosa de ransomware debido a la dificultad de descifrar los archivos una vez que han sido cifrados, dado que ningún software puede descifrar todas las formas de cifrado. Es mejor asumir que esos archivos se han perdido a menos que decida pagar el rescate. No hay garantía de que recuperará sus archivos incluso después del pago.

Historia del Ransomware

La primera aparición de ransomware fue en la década de 1980, y se llamó AIDS o PC Cyborg. Este ransomware cifraba todos los archivos de un usuario en el directorio C: cada vez que el usuario reiniciaba el sistema. El ransomware recolectaba todos los archivos después de 90 reinicios de este tipo, y enviaría un correo al usuario pidiendo renovar la licencia del sistema operativo. Podían pedir pagar 189 dólares a PC Cyborg Corporation. Era una tecnología muy simple de cifrado, y por lo tanto, era fácil de revertir. Por lo tanto, los usuarios de la industria de las ciencias de la computación sabían cómo revertirlo, pero impactó mayoritariamente a la gente común que no era tan conocedora de la tecnología.

Durante los siguientes diez años, aparecieron algunas otras variantes, pero el ransomware peligroso no haría su debut hasta 2004. Este fue el año en que GpCode aprovechó el débil cifrado RSA para cifrar los archivos de los usuarios.

El siguiente gran ransomware apareció en 2007 cuando se introdujo WinLock. A diferencia de otros ransomware, WinLock no cifraba los archivos de los usuarios, sino que bloqueaba el sistema dejando fuera al usuario. También mostraba imágenes pornográficas en la pantalla del usuario. Luego, los atacantes exigían pagos por SMS para otorgar al usuario acceso a sus sistemas.

El ransomware evolucionó en 2012 con el desarrollo de la familia ransom llamada Reveton. Esto dio origen a otro tipo de ransomware conocido como ransomware policial. Los atacantes bloqueaban los sistemas dejando fuera a sus usuarios, y dejaban el logo oficial del FBI o el de cualquier otra agencia policial en la pantalla de bloqueo. Habría una declaración que señalaba que usted cometió un crimen, como descargar contenido pirateado, hackear, o mirar contenido pornográfico en su pantalla. Luego le señalaría a la víctima que debía pagar una multa de entre 100 y 3.000 dólares utilizando una tarjeta prepagada.

Algunas personas no entendían esto, y creían que habían quebrantado la ley, y por lo tanto, debían pagar una multa. Esta es una táctica de ingeniería social llamada "culpa implícita", donde un usuario cuestiona sus acciones. No quieren ser señalados públicamente por una actividad como ver pornografía, la que creen que es un crimen, y por lo tanto, prefieren pagar la multa para terminar con esto inmediatamente.

El ransomware de cifrado resurgió en 2013 con CryptoLocker, pero era mucho más peligroso. El ransomware CryptoLocker usaba cifrado de nivel militar, y el hacker almacenaba la clave de descifrado en un servidor remoto. No había manera de que los usuarios puedan recuperar sus archivos sin pagar un rescate. Este tipo de ransomware continúa presente en la actualidad, y algunos ciberatacantes siguen ganando dinero con él. Los recientes brotes de ransomware como Petya y WannaCry en 2018 también utilizaban técnicas de cifrado similares.

Mientras 2018 llegaba a su fin, otro ransomware llamado Ryuk fue desarrollado por hackers habilidosos, y creó problemas para las publicaciones de noticias en Estados Unidos, especialmente para la Autoridad de Agua y Alcantarillado de Onslow en Carolina del Norte. Este ataque de ransomware fue planeado, por lo que los atacantes primero podrían infectar los sistemas objetivo usando troyanos que roban información llamados TrickBot y Emotet. Luego, usarían esta información para instalar Ryuk y otros ransomware en el sistema. Los expertos en ciberseguridad creen que los hackers usaron TrickBot y Emotet para apuntar a empresarios de alto perfil. Estos troyanos infectaban sistemas al azar y luego liberaron a Ryuk una vez que identificaban que el sistema objetivo pertenecía a un empresario de alto perfil, y el atacante podía ganar mucho dinero.

Al día de hoy, un nuevo tipo de ransomware llamado Sodinokibi, conocido por ser una evolución de GandCrab, ha sido noticia. Los atacantes usan proveedores de servicios administrativos para propagar este ransomware. En agosto de 2019, varios centros de atención dental perdieron grandes volúmenes de datos, y los hospitales no podían obtener los registros de sus pacientes. Los atacantes usaron un proveedor de servicios administrativos comprometido para transmitir el ransomware a 400 centros de atención dental.

¿Quiénes son los Blancos de un Ataque de Ransomware?

Cuando se inventó el ransomware, las víctimas principales fueron individuos que eran usuarios regulares de computadoras. Los atacantes luego se dieron cuenta que el ransomware tenía más potencial, especialmente cuando comenzaron a atacar empresas. Cuando un atacante usaba ransomware para atacar una empresa, se aseguraban de que pudieran detener la producción, y crear una pérdida en los datos y en los ingresos. Los atacantes luego se dieron cuenta que atacar una empresa daría más dinero que atacar a usuarios regulares. A finales de 2016, las estadísticas mostraban que se había encontrado ransomware en aproximadamente el trece por ciento de las empresas globales, y solo en el dos por ciento de las computadoras de usuarios regulares. En 2017, casi el 35% de las pequeñas y medianas empresas ya habían sido víctimas de ransomware.

Hablando geográficamente, los atacantes liberan ransomware principalmente en mercados occidentales, y el Reino Unido, los Estados Unidos y Canadá son sus principales objetivos. Las investigaciones muestran que los atacantes de ransomware siempre eligen empresas y países con más dinero. Esto significa que buscan regiones donde las tasas de adopción de computadoras e Internet son altas y la región es rica. Se cree que muy pronto atacarán también a los mercados de Asia y Sudamérica, ya que estas regiones están experimentando un importante crecimiento económico.

Qué Hacer si Está Infectado

La regla de oro que debe seguir si es víctima de ransomware es nunca pagar el rescate. Incluso el FBI señala que no debe pagar. Si paga el rescate, terminará haciendo lo que el atacante quiere que haga. Por lo tanto, podría animarlos a seguir implementando ataques de ransomware en el futuro. Existe una pequeña probabilidad de recuperar algunos de sus archivos usando software gratuito de descifrado de archivos.

Sin embargo, estas herramientas solo pueden prevenir o revertir algunos tipos de ataques de ransomware. También, si hay un descifrador disponible, debe asegurarse de que ayude a proteger el sistema del ransomware ya presente en él. Es recomendable no ejecutar ningún software de cifrado sin el conocimiento necesario, ya que podría terminar cifrando sus archivos aún más. También es importante mirar más de cerca el mensaje de rescate que aparece, o buscar ayuda de un consultor de seguridad de TI.

Otros métodos conocidos para eliminar ransomware incluyen productos anti-ransomware para escanear su sistema y eliminar la infección. Estas soluciones podrían no ayudar a recuperar sus archivos, sino a limpiar su sistema. En los casos de los bloqueadores de pantalla, intente restaurar el sistema a un punto previo saludable o intente ejecutar un escaneo desde una unidad USB o DVD de arranque.

Si quiere derrotar un ataque de ransomware mientras está en progreso, debe permanecer alerta todo el tiempo. Si nota lentitud en su sistema sin motivo aparente, es mejor reiniciar el sistema y desconectarlo de Internet. Esto asegura que el malware esté inactivo mientras inicia el sistema. Tampoco puede enviar o recibir instrucciones del servidor al mando o del atacante. Esto significa que dado que el atacante no ha completado la actividad, no puede haber cifrado todos los archivos del sistema, y por lo tanto, no puede exigir dinero. En este punto, debe instalar una solución antimalware y ejecutar un escaneo completo de su sistema.

¿Cómo Protegerse del Ransomware?

La mayoría de los expertos en seguridad a nivel mundial tienen una sola cosa que decir cuando se trata de proteger su sistema del ransomware: le piden evitar que ocurra el ataque.

Existen algunos métodos para abordar una infección de ransomware, pero no hay evidencia de que funcione. La mayoría de ellos también requieren experiencia técnica de alto nivel, y un usuario promedio puede no estar preparado para tales herramientas. Por lo tanto, se sugiere que siga las soluciones siguientes:

El primer paso es comprar una solución antimalware de pago que provea protección en tiempo real. Esta solución también puede detectar ataques de ransomware avanzado. La solución también debe ser capaz de proteger archivos y software vulnerables, mientras al mismo tiempo evita que el ransomware cifre cualquier archivo. Una de estas soluciones es la versión paga de Malwarebytes, que protegió a los usuarios de todo tipo de ataques importantes de ransomware en 2017.

El siguiente paso toma tiempo y esfuerzo. Debe regularmente crear copias de seguridad de sus datos y almacenarlas en medios externos. Los expertos recomiendan que almacene sus copias de seguridad en una solución basada en la nube que esté protegida mediante cifrado y autorización de múltiples factores. Otra opción es almacenar las copias de seguridad en medios externos como unidades USB o discos duros. Sin embargo, asegúrese de desconectarlos después de realizar la copia de seguridad. De lo contrario, hay una alta probabilidad de que el ransomware también infecte estos dispositivos externos.

El siguiente paso es asegurar que su sistema operativo y el resto del software estén actualizados. El popular ransomware WannaCry aprovechó una vulnerabilidad en el sistema operativo de Microsoft. Microsoft lanzó una actualización en marzo de 2017 para corregir la vulnerabilidad, pero la mayoría de las personas ignoraron esta actualización y no la descargaron. Esto dejó sus sistemas abiertos a un ataque. Se entiende que actualizar manualmente el sistema operativo y el resto del software sea difícil, y por lo tanto, es mejor activar las actualizaciones automáticas para el sistema operativo y el resto del software.

Finalmente, es mejor estar informado. La técnica más habitual usada por un atacante para liberar un ransomware es la ingeniería social. Edúquese usted y a sus empleados acerca de cómo detectar sitios web maliciosos, malspam y otros medios dañinos. Siempre confíe en sus instintos. Si algo parece dañino, probablemente lo es.

¿Cómo el Ransomware Afecta a una Empresa?

Muchas empresas han sido duramente golpeadas durante los últimos años por diferentes tipos de ransomware, como WannaCry, SamSam, GandCrab y NotPetya. La cantidad de ataques de ransomware a empresas aumentó en un 88 por ciento en la segunda mitad de 2018, a medida que los atacantes dejaron de atacar las computadoras y sistemas de usuarios normales. Los atacantes entendieron que podían ganar más dinero al atacar a grandes empresas, como agencias gubernamentales, hospitales y otras instituciones comerciales. El daño promedio perpetrado por el ransomware, incluyendo pérdidas de datos, reparaciones, multas y pagos de rescates alcanza los 4 millones de dólares.

Los últimos ataques de ransomware fueron identificados como ataques de GandCrab. GandCrab apareció por primera vez en enero de 2018, y desde ese momento ha evolucionado haciendo el cifrado más fuerte, empoderando a los atacantes a apuntar a organizaciones de alto perfil. Los reportes sugieren que GandCrab ha logrado causar daños avaluados en 300 millones de dólares en rescates, la mayoría de los cuales ya han sido pagados. El rango de los rescates individuales oscila entre 600 y 700.000 dólares.

En marzo de 2018, otro ataque de ransomware se inició usando ransomware SamSam. Este ataque fue lanzado en los servidores de la ciudad de Atlanta, que infectó los servicios esenciales de la ciudad, como los sistemas de registros policiales y los sistemas de recaudación de ingresos. SamSam causó 2,6 millones de dólares en daños a Atlanta.

Capítulo Seis: Cómo Detectar y Detener un Ataque de Ingeniería Social

La ingeniería social es el proceso de manipular o engañar a las personas para que le den información que necesita sobre ellas. Los ciberdelincuentes están en busca de todo tipo de información, pero lo más común es que empleen la ingeniería social para persuadirlo de que revele su información bancaria, credenciales de inicio de sesión a varias aplicaciones, o contraseñas para acceder a su computadora. Pueden usar esta información para transferir fondos de sus cuentas a la de los criminales, o para instalar malware en su sistema.

Los ciberdelincuentes usan la ingeniería social porque saben que es más fácil ganar la confianza de las personas que hackear software. Por ejemplo, podrían usar una simple conversación para manipular a cualquier víctima para que les entregue su contraseña. No intentan hackear el sistema usando una contraseña o cualquier otro proceso técnico. Simplemente atacan el sistema si el usuario tiene una contraseña débil.

El principio básico de la seguridad es saber en quién y en qué confiar. Debe saber cuándo confiar en alguien y estar alerta cuando se comunica con él, especialmente en línea, dado que no puede verlos. Esto también es válido al confiar en aplicaciones. Debe saber si una aplicación que descargará e instalará en su sistema o sitio web es genuina y no lo dañará.

Cualquier profesional de la seguridad les dirá a las empresas que el punto más débil de una cadena de seguridad es un usuario que acepta y confía en otro usuario al pie de la letra. En palabras simples, no importa si tiene seguridad de primer nivel para su casa, con múltiples cerraduras, perros guardianes, reflectores, sistemas de alarma, alambre de púas, cercas, etc., si permite que un extraño ingrese a su casa simplemente porque afirman ser un plomero sin hacer ninguna revisión. En un caso como este, usted permitió que la amenaza ingresara a su casa.

Metodologías de Ingeniería Social

Existen tres tipos de metodologías utilizadas para la ingeniería social:

- Phishing

- Vishing

- Suplantación de Identidad

El Phishing y el Vishing fueron discutidos en el Capítulo Tres; sin embargo, la suplantación es cuando un atacante finge ser alguien que ya conoce y lo engaña para que le de acceso a su computadora, red, etc. Un atacante investiga mucho antes de usar la técnica de suplantación para hackear sus cuentas y sistemas. Los atacantes acechan a las personas en las redes sociales y sitios web de las empresas y recopilan información sobre los amigos y colegas de la víctima. También pueden escuchar a escondidas sus conversaciones y tratar de husmear los documentos que ha tirado a la basura.

Aquí hay algunas estadísticas que lo ayudarán a comprender estos métodos de ingeniería social con respecto a su aplicación en el mundo real.

Phishing

- El setenta y siete por ciento de los ataques de ingeniería social se hacen mediante phishing.

- Casi 40 millones de personas reportan ataques de phishing cada año.

- El ochenta y ocho por ciento de todos los ataques de phishing ocurrieron con enlaces en los que se les hizo clic en correos electrónicos.

- El noventa por ciento de todo el tráfico de correo electrónico del mundo está lleno de spam y virus.

Vishing

- El sesenta por ciento de los adultos en EE. UU. fueron víctimas de vishing en 2012.

- 2,4 millones de clientes fueron víctimas de fraude telefónico en el año 2012.

- 2,3 millones de clientes fueron víctimas de fraude telefónico en la primera mitad de 2013.

- 42.500 dólares fue la pérdida promedio por cliente para una empresa.

- Cuando se recibió un SMS de vishing, el 60 por ciento de los usuarios hizo clic en el enlace del mensaje, el 26 por ciento de los usuarios intentó llamar al número, y el 14 por ciento de los usuarios respondió al mensaje de texto.

Suplantación de Identidad

- 1,8 millones de personas fueron víctimas de suplantación de identidad en EE. UU. en 2013. Los robos de identidad médica aumentaron debido a sitios web que se hacían pasar por proveedores médicos.

- El ochenta por ciento de los robos que ocurrieron en los lugares de trabajo involucraron eludir los controles.

- El ochenta y ocho por ciento de la información robada eran datos personales.

- La edad promedio de una víctima de suplantación de identidad fue de 42 años, y la pérdida promedio que sufrió fue de 4.200 dólares.

Detectando un Ataque de Ingeniería Social

¿Cómo se ve normalmente un ataque de ingeniería social? A continuación, se muestran algunos escenarios comunes para comprender cómo funciona la ingeniería social.

Un Correo Electrónico de un Amigo

Si el atacante logra hackear la contraseña de correo electrónico de un usuario mediante un software o ingeniería social, el atacante tiene acceso a la lista de contactos de dicho usuario. Dado que la mayoría de los usuarios usan la misma contraseña para varias aplicaciones web, el atacante también puede ganar acceso a las redes sociales y contactos de redes sociales del usuario.

A partir de ahora, todo es territorio propio para el atacante. Puede enviar correos a los contactos del usuario, o mensajes instantáneos en redes sociales. La mayoría de los mensajes enviados por los atacantes tienen las siguientes características:

- Una URL, donde el atacante finge ser un amigo y lo emociona diciéndole algo con lo que puede sentirse identificado. Pueden enviarle un enlace y solicitarle algo de información a través de dicho enlace. Confiado e inocente, porque proviene de un amigo, hace clic en el enlace y descarga malware que infecta su computadora. El atacante puede acceder a su sistema y realizar cualquier acción que desee. Intentan recopilar información acerca de sus contactos y engañarlos como lo engañaron a usted.

- Un archivo de imagen, video o música con un código malicioso incrustado en él. Puede descargarlo sin dudarlo, ya que proviene de un amigo, y termina por infectar su sistema con malware. El atacante ha accedido a su computadora y al tesoro de información presente en él.

Un Correo Electrónico de Una Fuente Confiable

La ingeniería social es parte fundamental de los ataques de phishing, donde los atacantes imitan a una fuente confiable para engañar a los usuarios para que revelen información confidencial. Informes de Webroot sugieren que la mayoría de los atacantes fingen ser instituciones financieras. Datos de Verizon también sugieren que el 93 por ciento de las brechas que ocurren en la actualidad son resultado de un intento exitoso de ingeniería social.

Los correos de fuentes confiables pueden tener los siguientes temas:

Los correos pueden solicitar ayuda urgente

Algunos correos tienen mensajes urgentes, y el sentido de urgencia puede obligarlo a realizar la acción señalada en el correo. Dado que tiene miedo, puede transferir los fondos a la cuenta del atacante.

El correo puede solicitar donaciones para una causa

Los correos pueden intentar explotar su generosidad o amabilidad. El contenido puede decir que debe transferir fondos a una fundación o causa, pero el dinero va directamente a la cuenta del atacante.

Intentos de phishing que usan un fondo genuino

Un atacante puede enviarle un mensaje o correo solicitándole enviar dinero. La fuente del mensaje o correo parece ser de una compañía, escuela o institución de renombre.

El correo dirá que hay un problema y le solicita hacer clic en un enlace para rectificarlo

La URL usada para enviar el correo puede parecer genuina, y el cuerpo del correo puede usar un logo similar al de la organización de donde el atacante finge ser. Es posible que el atacante haya enviado el correo directamente desde el sitio web de la fuente, pero usa métodos diferentes para obtener acceso a dicho sitio web. Dado que todo parece legítimo, puede hacer clic en la URL, la que lo redirige al sitio web del atacante. El atacante puede mostrar un formulario donde se solicita cierta información que necesitan para hackear su cuenta. El correo también incluye una advertencia que le dice acerca de las consecuencias que podría sufrir si no hace clic en la URL. Esto puede asustarlo, y escoge hacer clic en el enlace.

Finge ser su jefe o colega

El correo puede contener detalles de un proyecto en el que trabaja en su oficina. Esto ganará su confianza. La siguiente parte estará relacionada a un cierto pago que hizo en el pasado usando una tarjeta de la empresa. Cree que esto es legítimo y efectúa el pago.

Le dicen que ha ganado algo

Puede que haya recibido correos de un supuesto familiar fallecido, una empresa de lotería, o cualquier otra compañía. Algunos correos también pueden decirle que fue la persona número 100 en visitar el sitio web, y que ha ganado algo. El correo le pide enviar algunos documentos confidenciales, como su número de seguro social, para demostrar quién es usted. Estas solicitudes deberían hacerle sospechar. No confíe en los correos. Este tipo de ataque se conoce como phishing codicioso. Dado que es codicioso, es posible que quiera otorgarle al atacante la información necesaria. Como resultado, puede entregar información confidencial que el atacante puede usar para vaciar su cuenta bancaria.

Cebar

En este escenario de ingeniería social, los atacantes saben que pueden cebar al usuario, especialmente si quieren obtener información confidencial. Estos cebos a menudo se encuentran en sitios web que proveen películas gratis o descargas de música. Los atacantes pueden realizar esas estafas en sitios web maliciosos, redes sociales y otros sitios web a los que la mayoría de los usuarios acceden por resultados de búsquedas.

El esquema de cebo también aparece en un sitio web que ofrece vender un iPhone por solo 100 dólares cuando el precio real es de 1.000 dólares. Puede sospechar, pero ve que muchos usuarios han testificado que la oferta es real. Obviamente el atacante planeó esto.

Los usuarios que caen en este cebo descargan malware a sus computadoras y esto expone sus detalles y otra información sensible sobre otros usuarios con los que la víctima se contacta. Puede incluso pagarles 100 dólares, pero nunca recibir el iPhone prometido a cambio.

Responder a Preguntas que No Realizó

A veces, los atacantes pueden contactarlo para brindarle ayuda de una empresa, mientras ofrecen beneficios. El ID del correo electrónico puede parecerse al de una empresa o banco de renombre. Si no es consumidor del producto, descartará el correo. Sin embargo, existe una alta probabilidad de que use el producto y de que realmente estuviera planeando contactar a la compañía para obtener ayuda. Qué conveniente que la empresa se acercara a usted proactivamente para ofrecer su ayuda.

Por ejemplo, es posible que no haya pedido ayuda con respecto a un problema con su sistema operativo, pero de repente ve un correo de Microsoft. El correo le ofrece solucionar el problema gratuitamente. Usted les responde y confía en ellos, abriéndose a varios exploits que el atacante ya ha planeado.

El atacante puede pedirle que se valide, y le pida brindar la información necesaria para iniciar sesión en el sistema o en la aplicación. En otras ocasiones, pueden pedirle ejecutar algunos comandos en su sistema para solucionar el problema. Cuando les permite hacer esto, acceden a su sistema.

Creación de Desconfianza

Ciertas prácticas de ingeniería social solo son implementadas para crear desconfianza o conflictos. Estas son ejecutadas por personas que usted conoce y que tienen un problema con o por personas que simplemente quieren ver el mundo arder. Estos atacantes llenarán su cabeza con impresiones erróneas sobre otras personas que conoce, y luego entrarán como salvadores para ganar su confianza. Estas malas prácticas también son empleadas por extorsionadores que quieren manipularlo inicialmente y atacarlo después.

Este tipo de ingeniería social se inicia al obtener acceso a una de sus cuentas. Esto se logra hackeando su contraseña, haciendo ingeniería social, o simplemente adivinando su contraseña.

El atacante que ahora tiene acceso a sus medios, como videos o imágenes, puede editarlos según sus necesidades y reenviarlos a sus contactos para crear desconfianza. Fingen como si el contenido hubiera sido enviado por error. El atacante también puede usar los medios robados para chantajear al usuario que hackeó, o a la persona a la que le estaba reenviando el contenido.

Los ataques de ingeniería social tienen muchas variantes. La imaginación del atacante es el único límite para la cantidad de formas en que puede explotar a alguien. Un solo ataque puede contener múltiples exploits. El atacante puede vender su información a personas a las que usted no le agrada para que puedan explotarlo aún más.

Cómo Evitar Caer en la Ingeniería Social

La vida útil de un ataque de ingeniería social es corta, y solo se necesitan unos pocos usuarios para que sea exitoso. Sin embargo, puede protegerse de ellos. Ni siquiera necesita mucho esfuerzo, ya que solo debe estar atento a su entorno la mayoría del tiempo.

Consejos

Tómeselo con Calma

Es una buena idea calmarse y pensar un poco. Los atacantes esperan que actúe de manera urgente y sin pensar. La mayoría de los atacantes de ingeniería social lo ponen en una situación que parece urgente. Esta debe ser su pista para tomarse las cosas con calma y revisar la situación adecuadamente.

Dedique Algo de Tiempo a Investigar

Incluso si recibe un correo electrónico de una empresa que cree que conoce, revíselo a fondo, no solo el cuerpo del correo sino también la dirección de origen, la firma, etc. En caso de que no reconozca la compañía, haga una búsqueda simple para ver si realmente existe.

No Haga Clic Ciegamente en los Enlaces

Si recibe un enlace en un correo, no haga clic en dicho enlace. Haga un esfuerzo manual para encontrar la URL de ese sitio web a través de una búsqueda y vea hacia dónde lo lleva la URL base. De esta forma, usted tiene el control del enlace y no al revés.

Tenga Cuidado con el Hackeo de Correos Electrónicos

Los atacantes hackean cuentas de correo electrónico y se aprovechan de los contactos de la cuenta hackeada basándose en su confianza. Por lo tanto, cuando reciba un correo de alguien que conoce, pregúntese si lo estaba esperando. No haga clic en ningún enlace en el correo si no lo esperaba. Sería una buena idea llamar a la persona y verificar si realmente le envió el correo.

No Descargue a Ciegas

Si no conoce al remitente, no descargue ningún archivo adjunto en el correo electrónico.

Sepa que las Loterías son Falsas

Nadie le da mucho dinero gratis. Por lo tanto, si recibe un correo diciendo que ganó algo, especialmente sin participar en ningún tipo de competición, es una estafa. Un ejemplo clásico es una escena de Harry Potter y la Orden del Fénix, donde Tonks envía una carta a los Dursley diciendo que habían ganado una competencia al mejor césped. Ella solo hizo esto para esperar que los Dursley no se interpusieran en su camino cuando intentaran llevar a Harry a la Madriguera. Si recibe un correo electrónico de este tipo, es falso.

Esté Atento a las Estafas Bancarias

Si el correo le solicita información personal y bancaria, lo más probable es que se trate de una estafa. Elimine este correo, y también cree un filtro para descartar todos los correos futuros de ese remitente.

Rechace Ofertas de Ayuda

Las empresas genuinas no lo contactan proactivamente para ofrecer algún tipo de ayuda. Si recibe comunicación de alguien, especialmente cuando usted no inició la conversación, puede ser una estafa si dice que pueden hacer lo siguiente:

1. Le ofrecen ayuda para mejorar su puntaje crediticio

2. Reparar una aplicación o un software en su sistema

Si recibe un correo o mensaje de una organización benéfica que no conoce, elimínelo. Si realmente quiere donar a una de estas organizaciones, investigue y done a una organización benéfica legítima.

Configure sus Filtros de Correo No Deseado

Los filtros de correo no deseado son una función que le permite clasificar los correos como legítimos o spam. Tómese un poco de tiempo y juegue con los filtros de spam. Establezca reglas para permitir solo los correos que desea. Hay guías disponibles a través de su proveedor de correo electrónico sobre cómo configurar sus filtros de spam. Una inversión de tiempo, tan corta como treinta minutos, hará que su "vida de correo electrónico" sea fácil para siempre.

Proteja Todos sus Dispositivos

Instale soluciones antivirus y antimalware en todos sus dispositivos, y configure el software para que ejecute un análisis de rutina. El software debe ejecutar escaneos de tiempo real para cualquier correo electrónico entrante. Asegúrese de mantener actualizado su sistema operativo y el resto de su software habilitando las actualizaciones automáticas.

Capítulo Siete: Seguridad de la Red y Técnicas de Protección

Este capítulo define la seguridad de la red y los diversos procesos asociados a ella. También examina los diferentes tipos de ciberataques que pueden afectar a su empresa, y arroja luz sobre lo importante que es proteger su red si quiere evitar una pérdida catastrófica.

Seguridad de la Red

La seguridad de la red es un término general que cubre una variedad de procesos, tecnologías y dispositivos. La seguridad de la red es la configuración de reglas y políticas tanto en hardware como en software de cada aplicación o herramienta web para asegurar la integridad, accesibilidad y confiabilidad de los datos informáticos. Esto está estrechamente asociado con la infraestructura de red.

Los datos y las redes informáticas son vulnerables a numerosos ciberataques, y algunos de ellos fueron discutidos anteriormente en el libro. Por lo tanto, cada empresa, sin importar su tamaño, infraestructura o industria, necesita tener implementadas medidas de seguridad de red.

La arquitectura de la red evoluciona y se vuelve más compleja cada día. El entorno de amenazas también cambia constantemente y los atacantes intentan encontrar nuevos métodos para aprovechar vulnerabilidades de seguridad en el sistema. Existen vulnerabilidades en varios aspectos de la infraestructura de red, como datos, dispositivos, aplicaciones y usuarios. Dado esto, existen herramientas individuales disponibles que protegen estos aspectos. Puede usar estas herramientas para probar las aplicaciones para asegurarse de que la empresa cumpla con los términos de cumplimiento regulares. La seguridad de la red es de suma importancia, ya que incluso unos pocos minutos de inactividad pueden dañar la reputación y las finanzas de la organización.

¿Cómo Funciona la Seguridad de la Red?

La seguridad de la red en una organización tiene múltiples capas. Un atacante puede atacar cualquier capa en el modelo de seguridad de red. Por lo tanto, las empresas deben definir modelos de seguridad de red tanto para hardware como para software para abordar las áreas vulnerables.

Existen tres aspectos de la seguridad de la red: físico, técnico y administrativo.

Seguridad Física de la Red

Este aspecto se encarga de los diferentes tipos de acceso físico a dispositivos relacionados con la red, como cables, módems, switches y routers. Una organización debe asegurarse de que solo empleados autorizados, especialmente aquellos que son parte del equipo de TI o de redes, tengan acceso a esos componentes. Algunas formas comunes en las que la empresa puede autorizar el acceso es a través de la biométrica, cerraduras de seguridad, etc.

Seguridad Técnica de la Red

Este aspecto se encarga de la protección de los datos almacenados en una red o en tránsito a través de la red. La empresa debe incluir una doble protección para proteger los datos y sus sistemas asociados de acceso no autorizado. También se debe tener cuidado de proteger los datos contra actividades maliciosas de empleados internos. Es posible que los empleados internos no lo hagan intencionalmente, pero acciones como usar una unidad USB personal en propiedad de la empresa pueden ser una amenaza.

Seguridad Administrativa de la Red

Este aspecto se encarga de los procesos y políticas de seguridad para mantener el comportamiento del usuario bajo control. Esto incluye la autenticación de los usuarios y el nivel de acceso según el rol y la designación del usuario en la organización. Por ejemplo, un usuario que es administrador de un banco no necesita acceso técnico a un servidor o dispositivo de red.

Los Cinco Principales Ataques a Través de una Red que Pueden Afectar Su Empresa

El capítulo anterior discutió brevemente los diferentes tipos de ciberataques. Esta sección discutirá los cinco principales ciberataques a través de una red que pueden destruir su empresa.

Desde la programación de contrataciones hasta la gestión de relaciones con los clientes, la mayoría de las organizaciones realizan todas sus tareas en línea. La automatización ha reducido el esfuerzo humano y ha hecho los procesos mucho más eficientes y convenientes, abriendo una ventana de oportunidades para los ciberataques.

Un informe publicado por el Centro de Estudios Estratégicos e Internacionales señala que el daño causado por los ciberataques es de 600 mil millones de dólares anuales. La evolución de la tecnología ha llevado al desarrollo de nuevos métodos para que los atacantes puedan estafar a una empresa. Estos son los cinco principales ciberataques con los que las empresas deben lidiar.

Amenaza Persistente Avanzada (APT)

El objetivo de este ataque es escanear la red y el software de la organización en busca de vulnerabilidades, y aprovechar dichas vulnerabilidades para robar datos. Una amenaza persistente avanzada puede pasar desapercibida por un largo tiempo. Este ataque fue introducido por primera vez por atacantes que querían robar información gubernamental. Los atacantes ahora usan este método para robar información confidencial de las organizaciones y exigir un rescate.

Algunos indicadores que le ayudarán a determinar si su organización es víctima de una amenaza persistente avanzada son las siguientes:

• Flujo irregular de información: es posible que observe que la infraestructura está experimentando un aumento repentino del tráfico entrante o saliente. El flujo de datos tiene un patrón irregular, y esto puede ocurrir entre redes, servidores, o conexiones entre servidores y clientes.

• Uso del paquete de datos: una amenaza persistente avanzada recopila los datos antes de transferirlos a la computadora deseada. Si observa que grandes volúmenes de datos o datos comprimidos se están transmitiendo por su red, podría indicar que su red está infectada.

• Mayor cantidad de inicios de sesión durante horas inesperadas.

• Cuando descubre troyanos de puerta trasera en la red y dispositivos asociados.

Ataque de Denegación de Servicio (DoS)

Un ataque de denegación de servicio es un ataque realizado para evitar que un usuario genuino acceda a ciertos servicios, como cuentas bancarias o de correo electrónico. Un atacante ataca la red y el servidor, e inunda el ancho de banda con solicitudes innecesarias. El motivo de un ataque de Denegación de Servicio no es robar información, sino evitar el acceso al servidor o sitio web. La empresa puede sufrir enormes pérdidas financieras por esto.

Suponga que un usuario está tratando de acceder a su cuenta bancaria en línea. No pueden hacerlo, a pesar de tener una buena conectividad a Internet. Esto indica que el servicio está bajo un ataque DoS, y los usuarios genuinos no pueden acceder a sus cuentas.

Hackeo del Internet de las Cosas (IoT)

El Internet de las Cosas se refiere a los dispositivos conectados a Internet ya sea de manera directa o indirecta. Cuando se habla de la configuración empresarial, incluye varios dispositivos IoT como termostatos, cerraduras, cámaras, etc. Un atacante puede aprovechar los dispositivos IoT para atacar una empresa. Por ejemplo, las empresas olvidan actualizar la seguridad de varios dispositivos IoT, y por ello, contienen muchas vulnerabilidades. Digamos que un empleado conecta su reloj inteligente a una computadora en el trabajo. Si el reloj inteligente tiene vulnerabilidades, el atacante puede explotarlas para acceder a la infraestructura completa en el trabajo.

Tendría sentido desinstalar aplicaciones en dispositivos IoT antiguos y sin uso para asegurarse de que un atacante no pueda aprovecharlos.

Inyección de Lenguaje de Consulta Estructurado (SQL)

Una Inyección de Lenguaje de Consulta Estructurado (SQL), es un método de hackeo descubierto años atrás, pero que sigue siendo efectivo en la actualidad. SQL es un lenguaje operado en bases de datos y tablas programadas en Oracle, MySQL o Microsoft SQL. La inyección afecta cualquier aplicación que usa una de estas bases de datos, pero los atacantes apuntan a sitios web que usan estas bases de datos. Muchos casos de ataques de inyección de SQL han ocurrido en la última década.

Si un ataque de inyección de SQL es exitoso, el atacante puede modificar el contenido de un sitio web y recolectar información sensible, como detalles de cuentas de usuario. Existen dos etapas en una inyección de SQL. En la primera etapa, el atacante observa la infraestructura objetivo y reúne tanto conocimiento de esta como sea posible. Esta etapa también se conoce como Reconocimiento. La siguiente etapa es la etapa de ataque, donde el atacante usa la información recolectada para ingresar al sistema objetivo. En un ataque de inyección SQL, el atacante inyecta código malicioso en un comando SQL para ejecutar sus comandos.

Hombre en el Medio

Un ataque de hombre en el medio es cuando un tercero intercepta una comunicación entre dos partes. Existen varios canales en línea que el atacante puede hackear para interceptar los datos, como sitios web, redes sociales, correos electrónicos, programas de mensajería, etc. Un atacante que emplee este ataque puede acceder a sus transacciones personales y comerciales. Un ataque de hombre en el medio puede evitar que le llegue un mensaje o redirigirlo a otra persona.

Esta es la razón por la que la mayoría de las aplicaciones de comunicación usan cifrado de extremo a extremo. Esto significa que cuando envía un mensaje, un algoritmo convierte el texto sin formato en caracteres cifrados. Una vez que el destinatario recibe este script, el algoritmo en su dispositivo descifra los caracteres de vuelta en texto sin formato. De esta forma, la información, aunque sea interceptada por alguien en el medio, es inútil, ya que no saben cómo descifrarla.

Estos son algunos de los ataques más comunes de los que son víctimas las empresas. La siguiente sección analiza los diferentes métodos que puede utilizar para proteger su compañía.

Protegiendo a su Empresa de un Ciberataque

Múltiples empresas son golpeadas regularmente por ciberataques. La mayoría de los atacantes apuntan a empresas con características de seguridad obsoletas. Estas son las diversas formas en que usted puede evitar los ciberataques. Puede clasificar estos métodos en los siguientes tipos:

- Ciberseguridad mediante hardware
- Ciberseguridad mediante configuraciones y ajustes

Ciberseguridad mediante Hardware

Claves de Seguridad

Es posible que haya escuchado a algún amigo o miembro de su equipo diciendo que tienen la misma contraseña para todas sus cuentas. También pueden decir que su contraseña es su año de nacimiento u otras palabras simples. Por lo tanto, sin duda alguna, la mayor vulnerabilidad en el campo de la ciberseguridad son las personas.

La herramienta Yubikeys permite a los empleados acceder a sus cuentas sin usar una contraseña. Tampoco tienen que administrar la cantidad de contraseñas que deben cambiar. Este tipo de aplicaciones han ganado mucha popularidad, ya que los atacantes pueden realizar ataques de fuerza bruta para hackear este software. Pueden usar una combinación diferente de letras, números y caracteres hasta encontrar la contraseña correcta. Las empresas deben comprar una clave para todos sus empleados o miembros de los equipos que trabajan en proyectos sensibles. Al hacer esto, pueden conectar la clave en un dispositivo y acceder a las herramientas, aplicaciones y documentos necesarios.

Muchas veces, un atacante también puede engañar a un empleado mediante phishing para obtener información confidencial. Los ataques que provocan máximo daño son el resultado de trampas colocadas mediante ingeniería social que pasan por alto las alertas de seguridad, y aquellos que no activan ninguna alarma.

Un atacante experimentado intenta aprender sobre un empleado y conocer detalles intrincados acerca de él. Pueden obtener información sobre las personas con las que se comunican con regularidad. El atacante luego se disfraza de alguien que la víctima conoce y le envía un correo electrónico desde una identificación similar al correo del conocido. El atacante puede usar esos correos para persuadirlo de que haga clic en enlaces maliciosos para obtener información sobre la víctima.

Yubikeys puede ayudar a evitar ese tipo de escenarios y proporcionar funciones de seguridad adicionales, como identificar archivos o enlaces maliciosos.

Firewall VPN

Usted protege su casa de los ladrones cerrando las puertas y ventanas. Esto también le ayuda a proteger a la gente en casa. Debe mantener esas cerraduras en su sistema y red para impedir el acceso no autorizado a ellos. Los equipos directivos superiores se sorprenden cuando los equipos de seguridad les aconsejan sobre una pieza física del equipo de seguridad. La mayoría responde con preguntas como, "¿Acaso no me protege el firewall integrado de mi computadora?". Sí, pero no garantiza las demandas de seguridad de una empresa.

Toda la comunicación, independientemente de la ubicación, puede ser cifrada usando un firewall VPN. Puede estar sentado en su oficina o cafetería y seguir manteniendo una conexión segura con Internet. Un firewall puede mantener líneas seguras de comunicación con cualquier persona con la que quiera hablar. Esto ayuda a abordar los ataques de fuerza bruta de Escritorio Remoto, que es el tipo más común de ataque ransomware. Un firewall VPN también monitorea y registra intentos de intrusión y proporciona características para filtrar el acceso de los empleados, para que no puedan acceder a sitios web dañinos.

Puede ahorrar costos comprando un firewall reacondicionado. Sin embargo, después de la compra, asegúrese que esté actualizado con el firmware más reciente antes de agregar empleados a las políticas de seguridad. Asegúrese de cambiar la contraseña por defecto del firewall, y configure la autenticación de dos factores para el acceso del administrador. Actualmente, muchos firewalls también tienen un componente de software para que los empleados lo instalen en sus dispositivos oficiales. Este proceso puede aumentar el proceso de inicio de sesión en algunos segundos, pero garantiza una mejor seguridad.

Ciberseguridad mediante Configuraciones y Ajustes

Autenticación Multifactor

La mayoría de las aplicaciones ofrecen autenticación de dos factores, pero los usuarios son muy reacios a usarla. Sin embargo, este ajuste de seguridad es muy efectivo y muy necesario hoy en día. Así es como funciona. El usuario primero inicia sesión en su aplicación usando su nombre de usuario y contraseña. Luego, el sistema o aplicación activa una contraseña temporal de un solo uso, que es enviada a otro dispositivo conectado a la aplicación y al usuario, como su teléfono inteligente. El usuario solo puede acceder a la aplicación una vez que ingresa esta contraseña.

Esto elimina los riesgos de la probabilidad de que un atacante haya adquirido el nombre de usuario y la contraseña de un usuario mediante métodos como phishing de correo electrónico, malware o keyloggers. Esto significa que el atacante ingresa su nombre de usuario y contraseña, pero no recibe la contraseña de un solo uso. Esto bloquea al atacante de la aplicación. La aplicación puede enviar una notificación al usuario si el atacante intenta hackear la aplicación en múltiples ocasiones.

Bóveda de Contraseñas

Debido a que los usuarios acceden a múltiples aplicaciones, deben mantener diferentes contraseñas, pero la mayoría de los usuarios usa la misma contraseña en todas las aplicaciones y dispositivos. Esto lo hacen para no olvidar la contraseña. Existen aplicaciones de bóveda de contraseñas disponibles en la actualidad que permiten a los usuarios almacenar sus contraseñas. De esa forma, debe recordar una contraseña para la bóveda. La bóveda de contraseñas tiene características como crear contraseñas complejas, administrar y autocompletar contraseñas en formularios, aplicaciones, sitios web e inicios de sesión del sistema. Estas contraseñas son aleatorias y complejas, y, por lo tanto, difíciles de descifrar para un atacante.

Actualizaciones Automáticas

Como se dijo anteriormente, la mayoría de las empresas no actualizan su software y aplicaciones, lo que hace que el sistema y la red sean vulnerables y propensos a ataques. Los proveedores de software proporcionan periódicamente parches y actualizaciones de software para mantener la seguridad de sus aplicaciones. Cada vez que se descubre una nueva vulnerabilidad en el software, los proveedores crean un parche para proteger dicha aplicación o software. Por lo tanto, si no actualiza regularmente el software, deja el software y aplicación abierto a cualquier ataque entrante. Por ello, es aconsejable dejar todo su software en actualización automática, para que descargue automáticamente cualquier parche desarrollado por el proveedor para cubrir la vulnerabilidad.

Cifrado de Disco Completo

Todos los dispositivos que forman parte de una empresa siempre deben estar totalmente cifrados. Esto significa que dispositivos como teléfonos móviles, computadoras portátiles, discos duros y almacenamiento en red siempre deben tener una capa de cifrado. Dado que la mayoría de las empresas permiten que los empleados trabajen desde casa, deben asegurarse de que, todos los dispositivos y datos de la empresa estén cifrados. Por un bajo costo, el cifrado de disco completo garantiza que sus datos estén seguros si alguna vez son robados.

Escáneres de Malware

Los escáneres de malware están disponibles a bajo costo y ayudan a detectar cualquier amenaza de malware. El mercado ofrece diferentes tipos de escáneres de malware, y se clasifican según su funcionalidad y precio. Como se discutió anteriormente, es importante actualizar periódicamente su escáner de malware para asegurarse de que detecte nuevas vulnerabilidades.

Bloqueo de Dirección de IP

Cada vez que trabaje en aplicaciones en línea, es importante bloquear las direcciones IP, especialmente aquellas que acceden a la aplicación. Además, puede agregar autenticación de dos factores a la aplicación para determinar si el usuario está accediendo a ella. Es mejor usar una autenticación multifactor antes de darle acceso al sistema a los usuarios.

Si usa aplicaciones de terceros con fines comerciales, también tiene sentido bloquear las direcciones IP que tienen acceso a las aplicaciones. Esto evita inicios de sesión de IP no autorizadas, y esas IP pertenecen a atacantes de otros países o regiones.

Copias de Seguridad del Sistema

Si planta cultivos, pero no construye una cerca alrededor de la granja, permite que las personas pisen los cultivos o que entren roedores y dañen sus cultivos. Del mismo modo, si tiene muchos datos, asegúrese de protegerlos de ataques y desastres manteniendo una copia de seguridad. Haga esto de manera rutinaria, y almacene las copias de seguridad en discos cifrados en una red completamente diferente.

Asegúrese que los dispositivos de respaldo no funcionen usando las mismas credenciales de inicio de sesión de otros dispositivos. Cree y mantenga diferentes contraseñas para los respaldos, para que los atacantes no puedan descifrarlas fácilmente.

Capacitación de Seguridad

Cree rutinas de formación para sus equipos y enséñeles las mejores prácticas de seguridad. Un pequeño video de capacitación de quince a veinte minutos sobre temas como el phishing, la suplantación de identidad, la ingeniería social, etc., puede ayudar a los empleados a aprender sobre varios tipos de ciberataques.

Office 365

Si su organización usa Office 365, asegúrese de consultar la herramienta de Puntaje de Seguridad de Office 365. La herramienta pasa por los ajustes y las configuraciones activos para generar un puntaje de seguridad para usted. Según el puntaje de seguridad, también le brinda sugerencias sobre lo que debe hacer para mejorar su puntaje de seguridad. Un mejor puntaje de seguridad señala que su red y sus herramientas son seguras.

G-Suite

Muchas empresas usan G-Suite en la actualidad como solución de correo electrónico. Google ha implementado todas las medidas de seguridad, por lo que activa una notificación cada vez que detecta actividad inusual en cualquiera de sus cuentas. Por ejemplo, inicio de sesión mediante un dispositivo o dirección IP diferente.

Evolución Continua

Es importante para toda empresa, sin importar si es una organización grande o pequeña, aprender más acerca de las prácticas de ciberseguridad más recientes y amenazas emergentes en el mundo de la información. Por lo tanto, mantenga a su empresa y trabajadores actualizados acerca de las políticas de seguridad, el hardware y el software relacionado a su organización.

Con todos estos ajustes y configuraciones implementados para su empresa, tendrá un mejor control sobre la infraestructura de su compañía. De esa manera, puede identificar eficazmente una potencial amenaza cuando experimente un ataque o incluso antes de que lo golpeen.

Algunos Consejos para Mantener la Ciberseguridad

Esta sección enumera algunos consejos para ayudarlo a mantener la ciberseguridad en sus sistemas personales. Este capítulo le ayuda a entender cómo las empresas pueden mantener la seguridad en la red y en las aplicaciones.

Los Hackers lo Atacarán

No puede pretender que un hacker nunca atacará su sistema o red. Debe recordar que todo individuo está en riesgo, y que siempre hay mucho en juego. Un hackeo puede dañar su bienestar personal y financiero, y arruinar su reputación o incluso la empresa. Por lo tanto, la ciberseguridad es responsabilidad de cada individuo. Siga los consejos mencionados en el libro y manténgase alerta. Debe hacer su parte para protegerse a sí mismo, a la empresa y a los demás.

Siempre actualice el software cuando instale cualquier software o aplicación en su sistema. Siempre recuerde que los programas y sistemas operativos son fundamentales para la gestión. Debe instalar las actualizaciones de seguridad para todo el software y aplicaciones en su dispositivo. Todo lo que debe hacer es activar la función de actualizaciones automáticas en la aplicación, para que las actualizaciones se descarguen automáticamente en su sistema. Asegúrese de actualizar sus navegadores y todos los complementos.

Tenga Cuidado con las Estafas de Phishing

Como se mencionó anteriormente, una estafa de phishing es una amenaza, y los atacantes pueden usar varias técnicas de ingeniería social para engañarlo para que proporcione información personal y confidencial que puede ocasionar pérdidas personales y financieras. También discutimos los diferentes tipos de estafas de phishing que los atacantes pueden realizar. Siempre sospeche de cualquier mensaje de correo electrónico o llamada telefónica donde se le pida demasiada información. Si no está seguro de qué hacer cuando recibe correos electrónicos o mensajes de phishing, consulte los capítulos anteriores para aprender más sobre ellos.

Siempre Mantenga Contraseñas Seguras

Cada usuario tiene muchas contraseñas para usar y administrar, y siempre es fácil tomar algunos atajos. Algunos usuarios reutilizan sus contraseñas antiguas, y esto es algo muy imprudente. Los programas de administración de contraseñas lo ayudan a mantener contraseñas únicas y diferentes en diferentes cuentas. Si no sabe qué tipo de contraseña mantener, use estas herramientas para generar contraseñas seguras. Estas aplicaciones también pueden recordarle que actualice periódicamente sus contraseñas.

Mire en lo que Hace Clic

No visite sitios web desconocidos, y nunca descargue ningún software o aplicación de esas fuentes a menos que sepa para qué sirven. Estos sitios web alojan malware y se instalan automáticamente en su sistema cuando descarga la aplicación. Si encuentra que el enlace o archivo adjunto es sospechoso o inesperado, no debe hacer clic en él.

No Deje los Dispositivos Desatendidos

La seguridad técnica es un aspecto de sus dispositivos, pero también existe la seguridad física que debe considerar. Cuando deja su teléfono, tableta o computadora portátil en un espacio público sin bloquearlo, cualquiera puede acceder a la información en esos dispositivos. Si protege datos en un disco externo o una unidad flash, debe asegurarse de que esté bloqueado y cifrado. Siempre bloquee la contraseña de su computadora de escritorio o portátil cuando no la use.

Debe comprender que los expertos en seguridad pueden ayudar solo hasta cierto punto. Si usted no les ayuda a proteger los sistemas y la red, no hay manera en que la empresa esté segura. El atacante puede hackear el sistema y obtener la información necesaria.

Utilice los consejos mencionados en este capítulo para evitar cualquier ataque causado por sus errores.

Capítulo Ocho: Seguridad de Aplicaciones Web y Teléfonos Inteligentes

El capítulo anterior analizó cómo las organizaciones pueden proteger sus sistemas y redes. ¿Pero es esto suficiente? ¿O se necesita más? ¿Dónde termina exactamente el proceso de seguridad? El avance de la tecnología ha llevado al desarrollo de aplicaciones web. Hoy en día, la mayoría de las empresas tienen aplicaciones web, y también muchas usan la nube para almacenar los datos de manera segura. Las demandas de los clientes han evolucionado desde el surgimiento de la moderna Web 2.0 y las aplicaciones web basadas en HTML5. Los clientes quieren acceder a los datos y la información cuando quieren. Todas estas exigencias han ejercido presión sobre las empresas para que transfieran sus datos a aplicaciones web y a la nube. Por ejemplo, las operaciones bancarias y de compras han pasado a realizarse en línea. Ya no tiene que caminar físicamente hacia un banco o supermercado.

Esto ha hecho la vida más cómoda para los usuarios, ya que pueden hacer las cosas en la comodidad de su sofá, pero esto tiene algunos inconvenientes. Esto ha aumentado la cantidad de ciberataques o intentos hechos por los hackers. Esto llevó a la introducción de otro capítulo en el ámbito de la seguridad conocido como la Seguridad de Aplicaciones Web.

Este capítulo examina la seguridad de las aplicaciones web, algunos mitos que la rodean, y cómo las empresas pueden usar los firewalls de las aplicaciones para mantener a los atacantes alejados de sus empresas.

Seguridad de Aplicaciones Web

Un firewall de aplicaciones web o WAF es un protocolo de seguridad que funciona a nivel de la aplicación para filtrar el tráfico HTTP y HTTPS, brindando así seguridad contra los atacantes en la capa de aplicación. En palabras simples, si un atacante trata de aprovechar una vulnerabilidad conocida en una aplicación web, puede bloquear dichos ataques y proteger al sitio web o aplicación de un ataque. Sin embargo, este proceso tiene algunas desventajas.

Estos son algunos de los inconvenientes:

Solo puede detectar vulnerabilidades conocidas

Un firewall de aplicaciones web tiene ciertas reglas configuradas en sus ajustes. Coincide con las reglas de tráfico web y clasifica la aplicación en función de si el tráfico coincidió o no con esas reglas. Dado esto, un firewall de aplicaciones web no puede protegerlo contra una vulnerabilidad recién descubierta en una aplicación web. Sin embargo, los firewalls de aplicaciones web son efectivos contra los ataques de denegación de servicio.

Es tan bueno como su administrador

Un firewall de aplicaciones web tiene reglas configuradas por un usuario. Esto significa que es tan bueno como el eslabón más débil de la cadena y el usuario que configura el firewall. Es difícil determinar si hay algún problema dentro del sistema. Por lo tanto, si un usuario experimentado no configura la aplicación web, puede resultar totalmente inútil.

No soluciona problemas de seguridad en una aplicación web

Una aplicación web no corrige automáticamente su código, y usted debe entender esto. Por lo tanto, si hay lagunas en la aplicación, solo puede proteger esas lagunas de los ojos del atacante según las reglas configuradas. El código aún debe ser corregido por un desarrollador humano.

Un firewall de aplicaciones web es una aplicación normal y tiene sus vulnerabilidades

Un firewall de aplicaciones web es un software, y como cualquier otra aplicación, está abierto a problemas de seguridad. Hay casos en los que los atacantes obtuvieron acceso de administrador al firewall de aplicaciones web a través de una vulnerabilidad y lo desactivaron. También irrumpen en el firewall de la aplicación.

Por lo tanto, los firewalls de aplicaciones web son una capa adicional de seguridad, pero no la solución final. Es una buena práctica tener un firewall de aplicaciones web (WAF) para una aplicación, pero si el presupuesto lo permite, siempre es una buena idea aplicar capas adicionales de seguridad.

Es importante prestar atención a las vulnerabilidades en el sistema o aplicación web, y solucionarlas independientemente de la presencia de un firewall de aplicaciones web. Las empresas deben tener pruebas de vulnerabilidad de aplicaciones web como parte integral de sus procesos de prueba de calidad de productos.

¿Cómo Puede Proteger las Aplicaciones Web?

Para entender si la aplicación web es completamente segura, debe identificar vulnerabilidades en el sistema antes de que un atacante las descubra y comience a aprovecharlas. Debe probar una aplicación web en busca de vulnerabilidades durante el ciclo de vida del desarrollo del software, y no solo cuando la aplicación es lanzada.

Existen varios métodos para probar una aplicación web en busca de vulnerabilidades. Puede utilizar cualquiera de los siguientes métodos:

• Use un escáner de caja negra para escanear la aplicación web.

• Use un escáner de caja blanca para detectar automáticamente problemas con el código de la aplicación.

• Audite manualmente el código fuente de la aplicación.

• Realice una prueba de penetración manual y una auditoría de seguridad.

No puede usar un solo método para probar las vulnerabilidades del sistema, ya que ningún método puede garantizar una tasa de detección del 100 por ciento. Cada método tiene sus ventajas y desventajas.

Por ejemplo, una herramienta automatizada puede descubrir casi todas las vulnerabilidades relacionadas con el código en comparación con un probador manual, pero no puede detectar ninguna laguna lógica. La herramienta no puede pensar como un atacante y tendrá un código o aplicación subyacente para realizar la prueba. Se requiere intervención manual para identificar fallas lógicas en el código. Por otro lado, puede llevar mucho tiempo, esfuerzo y dinero identificar manualmente lagunas técnicas, y no puede garantizar que el probador manual haya identificado todas las vulnerabilidades en el sistema.

Es aconsejable usar todas las herramientas disponibles para probar una aplicación web si no hay restricciones de tiempo y presupuesto, pero esto solo sucede en un escenario ideal. Por lo tanto, hablando de manera realista, una empresa necesita escoger la solución más efectiva en cuanto a tiempo y dinero para simular un ataque. La mayoría de las empresas usan un escáner de caja negra conocido como escáner de vulnerabilidades web. No hace falta decir que una auditoría manual debe hacerse después de un escáner automatizado de vulnerabilidades web. Esto asegura que se identifiquen las vulnerabilidades tanto técnicas como lógicas.

Escáneres de Vulnerabilidades Web

Los escáneres de caja negra, también conocidos como escáneres de vulnerabilidades web, son aplicaciones automatizadas que escanean sitios web y aplicaciones web en busca de vulnerabilidades y otros problemas de seguridad. Los escáneres de vulnerabilidades web se hicieron populares porque son fáciles de usar y automatizan todo el proceso de escaneo. Si usa un escáner de caja blanca, debe acceder al código subyacente y contar con la ayuda de alguien que entienda sobre el desarrollo de aplicaciones. Pero con los escáneres de caja negra, cualquiera con un mínimo conocimiento técnico puede operar el escáner de vulnerabilidades web y probar una aplicación web.

¿Cómo elige el escáner correcto de vulnerabilidades web?

Internet está lleno de escáneres de vulnerabilidades web, tanto para usuarios comerciales como no comerciales. Es difícil elegir el escáner que se adapte mejor a sus necesidades. Por lo tanto, debe probar todos los escáneres disponibles para comprender cuál se adapta a su aplicación. Debe considerar múltiples aspectos antes de elegir un escáner de vulnerabilidades web. La primera y obvia pregunta es si usar un escáner gratuito o uno con una licencia pagada comercialmente. Se recomienda que siempre use un escáner comercial, ya que tienen actualizaciones periódicas, tienen soporte de equipos capacitados profesionalmente, etc.

Luego, puede elegir un escáner de vulnerabilidades web basándose en los siguientes criterios.

¿Qué tan bien puede identificar las superficies de ataque de aplicaciones web?

Cuando pruebe el escáner, examine cuidadosamente cuál tiene el mejor rastreador. Un rastreador es un componente del escáner, que escanea la aplicación en busca de todos los puntos de entrada donde el atacante puede iniciar el hackeo. Es un componente crítico, ya que es más fácil identificar vulnerabilidades solo cuando los puntos de entrada han sido identificados.

Para comprender qué rastreador es el mejor, analice los resultados proporcionados por cada rastreador. Utilice los siguientes parámetros:

1. El número de páginas escaneadas

2. El número de archivos utilizados

3. Varios parámetros incluidos durante el escaneo

Existe una posibilidad de que el rastreador no pueda escanear toda la superficie de la aplicación web. Esto sucede a menudo cuando el rastreador debe ser configurado manualmente, lo que nos lleva al siguiente punto.

Facilidad de Uso del Escáner de Vulnerabilidades Web

Si bien la mayoría de los escáneres de caja negra se configuran automáticamente para escanear una aplicación web, algunos pueden necesitar que algunos parámetros sean especificados manualmente. Su empresa no necesita tener un equipo de seguridad de aplicaciones web dedicado para configurar un escáner de vulnerabilidades web según los requisitos de su empresa. Esto significa que el escáner de seguridad debe ser fácil de usar, para que cualquier persona con conocimientos básicos de programación o técnicos pueda configurar el escáner. Los escáneres de vulnerabilidades fáciles de usar ayudan a las empresas a ahorrar dinero, ya que no es necesario contratar especialistas para trabajar en ellos.

Capacidad para Identificar Vulnerabilidades

El siguiente criterio es ver qué escáneres de vulnerabilidades web pueden identificar la máxima cantidad de vulnerabilidades y cuántos contienen falsos positivos. Los escáneres de vulnerabilidades web encuentran miles de vulnerabilidades en una aplicación web, pero más del 60 por ciento de ellas fueron falsos positivos.

Usted podría preguntarse por qué esto es un problema. El problema con los falsos positivos es que un auditor manual debe dedicar más tiempo a intentar verificar si la vulnerabilidad es realmente una vulnerabilidad. Esto es un desperdicio de recursos, y, por lo tanto, debe evitarse.

Automatización

Una mayor automatización en un escáner de vulnerabilidades web equivale a más alivio para la empresa. Esto significa que un probador no necesita configurar manualmente cada parámetro, ya que el escáner ya está configurado para escanear vulnerabilidades conocidas. Hay más vulnerabilidades en una aplicación web de las que se ven a simple vista. Es prácticamente imposible para las personas identificar todas las vulnerabilidades, incluso si hay restricciones de tiempo. Es más seguro utilizar un escáner automatizado, ya que puede completar el escaneo e identificar vulnerabilidades en dos o tres horas.

Además, el conocimiento de un probador acerca de cualquier vulnerabilidad en el sistema depende de su experiencia. Un escáner de vulnerabilidades web automatizado ya está equipado con el conocimiento de las vulnerabilidades existentes en las aplicaciones web, y los desarrolladores de ese escáner actualizan constantemente la base de datos en función de las vulnerabilidades recién descubiertas en diferentes aplicaciones web.

Además de esos pasos técnicos que puede seguir para proteger su aplicación web, debe mantenerse informado. Internet está lleno de información con blogs y sitios web sobre seguridad de aplicaciones web. Puede proteger sus aplicaciones y software de mejor manera si actualiza periódicamente su conocimiento y sus habilidades, y se mantiene al tanto de lo que sucede en la industria.

Seguridad de Teléfonos Inteligentes

Cuando alguien habla de un ataque de ransomware, la gente piensa inmediatamente en ataques a empleados que usan computadoras portátiles o de escritorio. Aquí es donde un atacante piensa de manera diferente. Un atacante siempre considera todas las opciones que lo ayuden a ingresar al sistema o red. Una forma fácil de hacerlo es a través de los teléfonos inteligentes, que son fáciles de hackear y ofrecen recompensas rápidas.

Los siguientes son algunos números relacionados con los delitos cibernéticos y los teléfonos inteligentes:

• Los informes sugieren que la cantidad de ataques a teléfonos inteligentes aumentó en un 50 por ciento en 2019 en comparación con 2018. Esto no fue solo para dispositivos Android. Se estima que, actualmente, alrededor de 1,6 millones de campañas de ataque están dirigidas a dispositivos Apple.

• Los informes del investigador Ponemon sugieren que, en los últimos doce meses, el 67 por ciento de las pequeñas y medianas empresas son víctimas de ciberataques, el 58 por ciento fueron víctimas de una brecha de datos. Todo esto debido a la seguridad ineficiente en los teléfonos inteligentes.

• El informe de brechas de datos presentado por Verizon en 2019 mostró que el 42 por ciento de las víctimas fueron propietarios de pequeñas empresas.

• El cuarenta y siete por ciento de las pequeñas y medianas empresas estuvieron de acuerdo en que no saben cómo proteger sus teléfonos inteligentes para proteger sus compañías.

Atacar teléfonos inteligentes se está volviendo popular, ya que los atacantes siempre buscan nuevas maneras de atacar su empresa. Por ejemplo, incluso los ataques patrocinados por el estado han comenzado a integrar teléfonos móviles para recopilar información para sus ataques. La razón por la cual los teléfonos inteligentes son atacados es porque todos dan por sentada la seguridad de los teléfonos inteligentes.

Estas son las maneras más simples en que los usuarios y propietarios de empresas pueden proteger sus teléfonos inteligentes y datos:

Actualice el Sistema Operativo y las Aplicaciones

Al igual que como lo haría en el caso de su computadora portátil o de escritorio, también es importante mantener el sistema operativo de su teléfono inteligente y sus aplicaciones al día. Mucha gente está inactiva respecto a actualizar el sistema operativo de su teléfono inteligente y las aplicaciones. Esto abre sus teléfonos inteligentes a nuevas vulnerabilidades. Cuando los proveedores de sistemas operativos y aplicaciones lanzan una aplicación, intentan reparar cualquier vulnerabilidad descubierta. Por ejemplo, cuando OnePlus decide actualizar el sistema, le envía una notificación. Una vez que la descarga e instala, le dice qué correcciones le hizo a su teléfono. Los proveedores de aplicaciones también hacen lo mismo. A veces, puede haber una actualización semanal. Si no actualiza su teléfono inteligente, se convierte en un blanco fácil para los atacantes.

En la actualidad, las empresas también tienen una política de Traiga Su Propio Dispositivo (BYOD) donde los teléfonos inteligentes personales pueden conectarse a la red de la oficina. Dicho esto, las empresas deben capacitar a sus empleados acerca de la importancia de mantener sus teléfonos inteligentes al día.

Bloquee Su Teléfono Inteligente

Mantener su teléfono desbloqueado es conveniente para revisar los mensajes de texto, correos electrónicos, etc., pero imagine si olvida su teléfono en una cafetería. ¿Qué cree que sucederá? Si no tiene un código de seguridad, cualquiera puede tomar su teléfono y acceder a toda su información. Si su teléfono contiene información de su empresa, pondrá en riesgo su empresa u organización debido a una negligencia menor.

Por lo tanto, siempre asegúrese de bloquear su teléfono con un código de acceso o autenticación biométrica.

Utilice las Funciones de Seguridad Incorporadas del Dispositivo

Puede utilizar la función "localizar mi dispositivo" si extravió su teléfono inteligente. La característica hace sonar su teléfono, lo que puede amenazar al ladrón o ayudarlo a encontrar su teléfono si lo perdió temporalmente. Hay opciones en el teléfono incluso para eliminar todos los datos si hubo algunos intentos de contraseña incorrectos.

Use Bluetooth y Wi-Fi con Prudencia

A muchas personas les gusta usar Wi-Fi gratuito o público. Si usa un teléfono inteligente con datos críticos de su empresa, piénselo dos veces antes de hacer esto. Asegúrese de que el Wi-Fi que utiliza sea de una red legítima. La conexión Wi-Fi gratuita disponible en espacios públicos como cafeterías, centros comerciales, etc. es menos segura.

Lo mismo ocurre con el Bluetooth. Las personas tienden a ignorar la función de Bluetooth dejándola encendida todo el tiempo. Un atacante puede aprovechar esta ignorancia e irrumpir en el teléfono si se acercan lo suficiente.

Permisos de las Aplicaciones

Cuando instala una aplicación en su teléfono inteligente, le solicita permiso para acceder a ciertas funciones en el teléfono. Tenga cuidado antes de aprobar esos permisos. Por ejemplo, se entiende que Google Maps necesite acceder a su ubicación ya que la necesita para darle la información correcta. Por otro lado, si un simple juego que descargó le pide permiso para conocer su ubicación, debe estar alerta de inmediato. Por lo que sabe, los atacantes crearon el juego para acceder a su ubicación. Una aplicación puede solicitar otros permisos, por lo que asegúrese de leer dichos permisos antes de otorgarle acceso a la aplicación.

Correos Electrónicos de Phishing y Spam

Su teléfono inteligente también tiene una aplicación de correo electrónico, y, por lo tanto, los atacantes pueden usar phishing para obtener información sensible. Por lo tanto, todo lo que aprendió en el Capítulo Tres es válido para los correos recibidos en su teléfono inteligente.

Copias de Seguridad de Datos

Las copias de seguridad de datos son tan importantes para su teléfono inteligente como lo son para sus computadoras portátiles y de escritorio. Algunos problemas pueden ocurrir en cualquier momento. Su teléfono inteligente puede ser robado, o puede dañarlo accidentalmente. Por lo tanto, se recomienda que mantenga una copia de seguridad de los datos.

Los proveedores de teléfonos móviles actualmente incluso ofrecen copias de seguridad automáticas de sus datos a través de servicios en la nube como Google Drive para Android, e iCloud para iPhones. Siempre aproveche esta función, para que nunca tenga que preocuparse por perder sus datos.

Aplicaciones Antivirus

Es bueno tener una aplicación de antivirus instalada en su teléfono inteligente, ya que protege su teléfono de cualquier tipo de malware. Los atacantes siempre liberan el malware primero en su dispositivo, por lo que lo mejor es instalar una aplicación antivirus para evitar cualquier ataque.

Fuente de Sus Aplicaciones

La mayoría de los usuarios ignoran este hecho, pero es muy importante que las aplicaciones que descarga provengan de fuentes confiables. Para Android, la Play Store es una fuente confiable, y para Apple, la AppStore. Hay ciertas aplicaciones que no están disponibles en la Play Store o la AppStore, y esto se debe a razones de seguridad. Los usuarios tienden a descargar estas aplicaciones de otros lugares, las que pueden estar manipuladas por un atacante, y su teléfono inteligente se abre convenientemente para un ataque solo por su negligencia al descargar aplicaciones de terceros de fuentes no confiables.

Para concluir, los teléfonos inteligentes son extensiones cruciales de las empresas, ahora más que nunca, y ya no son simplemente un dispositivo usado solo para hacer llamadas. Dado su factor de forma, puede perderlo fácilmente, o puede ser robado. Por lo tanto, es realmente importante en el mundo moderno preocuparse por la seguridad de su teléfono inteligente tanto como se preocupa de sus otros dispositivos.

Capítulo Nueve: 9 Métodos de Pruebas de Seguridad

Este capítulo examina los diferentes métodos de pruebas de seguridad. Al final, se centrará más en las pruebas de penetración. La mayoría de las organizaciones adoptan esta forma de prueba para identificar cualquier vulnerabilidad en el sistema y la red.

La empresa se asegura que haya medidas de prueba de ciberseguridad implementadas para verificar qué tan preparados están para cualquier posible ataque. Una empresa puede tener un equipo interno de pruebas o subcontratar las pruebas de seguridad a un equipo externo cuando surja la necesidad de realizar pruebas de seguridad.

Los atacantes son implacables cuando quieren realizar el ataque, y siempre buscan nuevas lagunas en el sistema. Hay métodos como Pruebas de Penetración, pruebas de Conciencia de los Usuarios, Evaluación del Equipo Rojo, etc., que pueden ayudar a las empresas a escanear su infraestructura en busca de lagunas que de otro modo serían pasadas por alto.

Tipos de Pruebas de Seguridad

Evaluación de Vulnerabilidad

El método de prueba de vulnerabilidad se emplea cuando una empresa necesita identificar inconvenientes dentro de sus sistemas, aplicaciones y redes por toda su infraestructura. Los siguientes aspectos se pueden revisar mediante la implementación de pruebas de vulnerabilidad:

- Aplicaciones Web

- Compilación del Sistema

- Dispositivos de Red

- Infraestructura de Red

- Superficies de Ataques de Phishing

- Aplicaciones Móviles

Pruebas de Conciencia de los Usuarios

Las Pruebas de Conciencia de los Usuarios, también conocidas como UAT por sus siglas en inglés, es cuando los usuarios comerciales prueban las tareas de rutina en una aplicación. Una empresa se basa en sus empleados, pero como se mencionó, también pueden ser el eslabón más débil para la seguridad de un proceso empresarial. Al implementar pruebas de conciencia de los usuarios y simular ataques, una empresa puede determinar cómo los empleados reaccionan a un cierto tipo de ataque.

Las pruebas de conciencia de los usuarios han demostrado ser efectivas en identificar vulnerabilidades tanto digitales como físicas. Le ayudan a entender el nivel de preparación ante un ataque de phishing, y lo que debe hacer una empresa para educar a sus empleados en lo que respecta a la ciberseguridad.

Evaluación del Equipo Rojo

Los atacantes no siguen ninguna regla, y hacen lo que se les place. Saben cómo utilizar diferentes herramientas y software para atacar el sistema y la red de una organización para robar información confidencial. También pueden encontrar una forma de interrumpir los servicios esenciales. Una Evaluación del Equipo Rojo ayuda a la organización a determinar qué tan preparada está para cualquier ataque.

Esta prueba cubre todas las superficies de ataque, internas o externas, y considera la capa de aplicación, capa de red, conciencia de los empleados, y los aspectos físicos de la seguridad. La prueba se lleva a cabo legalmente con todas las autorizaciones necesarias y utiliza vectores de ataque inofensivos para irrumpir en la infraestructura y explotarla de todas las formas posibles.

Los miembros de una evaluación del equipo rojo generalmente verifican las siguientes entidades en busca de exploits y vulnerabilidades.

Físico

Las pruebas buscan vulnerabilidades a nivel físico, como la oficina, centros de datos, almacenes y otros edificios relevantes.

Tecnología

Las pruebas cubren toda la infraestructura digital. El equipo también prueba los dispositivos móviles BYOD y oficiales y otros dispositivos de red como routers, switches, etc.

Personas

Los equipos prueban a los empleados internos, contratistas externos, socios comerciales y otros departamentos de alto riesgo.

Una vez que se completa la evaluación, se elabora un informe detallado y se presenta a la administración. La administración luego consulta con varios expertos en ciberseguridad para tomar medidas preventivas y mejorar la infraestructura.

Revisión de Compilación

Las revisiones de compilación son pruebas llevadas a cabo por un equipo dedicado de profesionales de seguridad en software cada vez que se lanza una nueva versión. Las revisiones de compilación ayudan a la organización a realizar una evaluación exhaustiva de cada nueva compilación de software. Esto ayuda al equipo a fortalecer aún más la seguridad del software a través de un circuito de retroalimentación, asegurándose que esté a salvo de un ataque.

Los siguientes componentes son puestos a prueba como parte de una revisión de compilación:

- Servidores
- Firewalls
- Directorio Activo
- Switches
- Routers
- Servidores de Bases de Datos
- Servidores de Aplicación
- Estaciones de Trabajo

Pruebas de Penetración

La mayoría de las organizaciones adoptan ampliamente este método para abordar las preocupaciones de seguridad de la organización. Esta sección lo lleva a través del proceso de prueba de penetración.

La prueba de penetración es el proceso de probar aplicaciones para encontrar vulnerabilidades. Los equipos hacen esto bombardeando la red con vectores maliciosos tras obtener previamente la autorización de una empresa. La organización simula un ataque similar a un ataque real para identificar cualquier vulnerabilidad en todas las áreas superficiales de la infraestructura digital.

El propósito de las pruebas de penetración es encontrar las lagunas en un sistema y corregirlas antes de que un atacante pueda acceder al sistema sin autorización y robar información confidencial.

Una prueba de penetración también se conoce como pen-test y hacker ético. Ayuda a determinar si los mecanismos de defensa existentes son suficientes para prevenir cualquier ataque. Además, se generan reportes tras la finalización de una prueba de penetración, que le indican a la empresa qué contramedidas deben agregar al sistema y a la red para evitar cualquier ataque.

Un sistema puede tener vulnerabilidades debido a las siguientes razones:

Error Durante el Diseño y Desarrollo

Nada es perfecto, y existe la posibilidad de fallas tanto en el software como en el hardware. La presencia de los errores más pequeños en el diseño del software puede exponer datos críticos durante un ataque.

Mala Configuración del Sistema

Esta puede ser otra razón por la que existen vulnerabilidades en el sistema. Los sistemas mal configurados pueden abrir una puerta trasera para que el atacante ingrese al sistema y robe o destruya datos.

Errores Humanos

Existen múltiples errores que un humano puede cometer cuando desarrollan la aplicación. También pueden cometer errores tontos, como dejar el sistema desbloqueado, codificación deficiente del software, dejar el escritorio y los documentos desatendidos, ser víctimas de estafas de phishing, etc., lo que puede resultar en brechas de seguridad.

Complejidad

La vulnerabilidad de un sistema es directamente proporcional a la complejidad del sistema. Es probable que un atacante encuentre más superficies para atacar si el sistema tiene muchas características.

Conectividad

Se convierte en un juego de niños para un atacante irrumpir en un sistema conectado a una red abierta o no segura.

Contraseñas

La utilidad de las contraseñas es evitar accesos no autorizados a algo. Las contraseñas deben ser complejas para evitar que puedan ser adivinadas al azar. Las organizaciones deben desarrollar una política robusta de contraseñas. También es importante cambiar su contraseña con regularidad y no compartirlas con nadie. Estos son los conceptos básicos para asegurar una contraseña, pero a pesar de esto, las personas aún comparten sus contraseñas o las escriben en un papel y se olvidan de ellas, y usan contraseñas débiles.

Entradas de Usuarios

Es posible que haya oído hablar de términos como desbordamiento de búfer, inyección de SQL, etc. Los usuarios dan diferentes entradas cuando usan una aplicación, y un hacker puede aprovechar estos sistemas de entrada para dañar el sistema.

Administración

La gestión de la seguridad de los sistemas implica grandes costos y esfuerzos. Si la organización no tiene un proceso adecuado para gestionar el riesgo, los sistemas serán vulnerables y fáciles de atacar por un hacker.

Entrenamiento Insuficiente

Cuando la organización no capacita a sus empleados y otro personal técnico, pueden ocurrir algunos errores.

Comunicación

Los canales de comunicación, como Internet, redes móviles o teléfonos, han abierto nuevos medios para los ataques.

Herramientas y Proveedores de Pruebas de Penetración

Hay herramientas automatizadas disponibles en el mercado actual que pueden ayudarlo a identificar vulnerabilidades estándar. Las herramientas de prueba de penetración escanean el código para ver si alguna línea de código puede resultar en una brecha de seguridad. También validan las técnicas de cifrado y encuentran lagunas en el sistema o la red. Además, también prueban los valores codificados en el código, como el nombre de usuario y la contraseña.

Debe considerar ciertos criterios antes de elegir una herramienta de prueba de penetración. Al menos deben satisfacer los siguientes requerimientos:

- Deben ser fáciles de usar, y, por lo tanto, fáciles de utilizar, configurar e implementar.

- Deben poder escanear su sistema independientemente de lo complejo que sea.

- Los informes generados por la herramienta deben ser capaces de clasificar las amenazas según el nivel de gravedad. Esto le ayudará a priorizar sus correcciones.

- Debe ser capaz de verificar vulnerabilidades automáticamente.

- También debe ser capaz de re-verificar cualquier exploit encontrado en los escaneos anteriores.

- Las herramientas deben ser capaces de elaborar registros e informes detallados.

Una vez que reduce el tipo de pruebas que su infraestructura requiere, puede capacitar a empleados internos o consultores externos para usar estas herramientas de seguridad. El siguiente es un conjunto de herramientas conocidas que se utilizan en las pruebas de penetración en todo el mundo.

Nmap

Nmap es una herramienta de código abierto. Se utiliza para escanear y recopilar información de una red. En pocas palabras. Nmap usa paquetes IP para obtener información sobre lo siguiente:

- La cantidad de hosts disponibles en una red
- Los servicios ofrecidos por esos hosts
- El sistema operativo de los hosts
- Los firewalls usados por los hosts
- Y mucha otra información importante

Es compatible con todos los sistemas operativos y fue originalmente desarrollada para el escaneo masivo de redes, pero también funciona bien en hosts únicos.

Wireshark

Wireshark también es una herramienta gratuita usada para escanear redes. Le proporciona una vista microscópica de las actividades de la red, y, por lo tanto, es ampliamente utilizada por empresas, gobiernos e instituciones educativas.

Acunetix

Acunetix es una herramienta de pruebas de penetración usada por ingenieros de software y profesionales de la seguridad debido a que tiene numerosas características. Es fácil de usar, robusta y sencilla. Además de utilizar herramientas internas, una empresa también puede subcontratar directamente sus pruebas de penetración a empresas líderes en seguridad. Algunas de las cuales se mencionan a continuación.

ScienceSoft

ScienceSoft es una compañía reconocida en el campo de la tecnología de la información por sus servicios de software. Sin embargo, también tiene interés en brindar soluciones de ciberseguridad a empresas. La compañía ha estado en el mercado por diecisiete años, y tiene experiencia en todos los métodos de pruebas de penetración, tales como caja blanca, caja negra y caja gris. Esta empresa puede evaluar empresas pequeñas, medianas y grandes.

Puede ponerse en contacto con el equipo de ciberseguridad de ScienceSoft para obtener ayuda en configurar una prueba de penetración para su empresa.

ImmuniWeb

Basada en Ginebra, Suiza, ImmuniWeb es otra conocida empresa de pruebas de penetración. Su plataforma de pruebas de penetración cuenta con una función DevSecOps, que combina personas e inteligencia artificial para probar el sistema. También se compromete a tener cero SLA de falsos positivos. Además, afirman haber detectado la más alta cantidad de vulnerabilidades y haberlas reportado eficazmente. Tienen un completo conjunto de herramientas para pruebas de penetración, y también incluyen API, dispositivos IoT, dispositivos móviles, pruebas web, etc.

Tienen las siguientes características clave:

- Detección de nuevo código de forma continua.
- Pruebas manuales a precios asequibles.
- Aplicación de parches con un solo clic.
- Soporte 24/7.
- Integraciones CI/CD para DevSecOps.
- Integración instantánea.
- Panel de control con múltiples recursos.

¿Por qué Hacer Pruebas de Penetración?

Puede que se pregunte por qué este capítulo se centra principalmente en las pruebas de penetración. El ransomware WannaCry que golpeó al mundo en 2017 ya fue discutido. Fue responsable de bloquear las computadoras de más de dos mil millones de usuarios, y exigía dinero para desbloquear los sistemas. Afectó a muchas empresas alrededor del mundo. Las pruebas de penetración podrían haber ayudado a estas empresas a prevenir un ataque de esta magnitud, dado que estas pruebas, cuando se realizan de manera regular, informan las lagunas en la seguridad.

Las pruebas de penetración ayudan principalmente con los siguientes escenarios:

- Proteger los datos del usuario.

- Identificar vulnerabilidades en una aplicación.

- Determinar el impacto en la empresa en caso de un ataque exitoso.

- Ayudar a una empresa a cumplir con los requisitos de seguridad.

- Muchos clientes de TI han comenzado a solicitar que se incluyan pruebas de penetración en el ciclo de vida de las versiones del software.

- Muchos datos financieros se transfieren entre sistemas en la actualidad, y deben ser protegidos.

Los datos del usuario son la moneda más grande del mundo, y la pérdida de dichos datos puede causar daños monetarios y de reputación a una organización. Por ejemplo, imagine a alguien hackeando un sitio web de redes sociales como Facebook, hackeando su base de datos de usuarios, y exponiendo estos datos públicamente en Internet. Facebook puede enfrentar consecuencias legales si eso alguna vez llegara a suceder. Por lo tanto, muchas empresas ahora se inscriben para obtener certificaciones de cumplimiento antes de hacer transacciones financieras a través de sus sitios web.

Algunas de estas certificaciones de cumplimiento incluyen:

- PCI DSS (Estándar de Seguridad de Datos para la Industria de Tarjeta de Pago)

- ISO/IEC 27002, OSSTMM (Manual de Metodología de Pruebas de Seguridad de Código Abierto)

- OWASP (Proyecto Abierto de Seguridad de Aplicaciones Web)

Tipos de Pruebas de Penetración

Pruebas de Ingeniería Social

La ingeniería social ya fue explicada en detalle en el Capítulo Seis, por lo que ya sabe que los ataques de ingeniería social se ejecutan para engañar a las personas para que revelen información confidencial acerca de ellos mismos o de su organización. Por lo tanto, los humanos pueden ser el eslabón más débil en un sistema de seguridad.

Las pruebas de ingeniería social se ejecutan emulando un ataque de ingeniería social. Un empleado es llamado por teléfono o contactado por un medio como mensaje de texto o correo electrónico, y se presenta un escenario para intentar y probar si el empleado termina por revelar cualquier información. Si la prueba resulta positiva, será documentada, y se tomarán medidas para educar a los empleados acerca de esto.

Pruebas de Aplicaciones Web

Como se discutió, se utilizan varias herramientas de software para probar qué tan seguro es el código de una aplicación web. Se prueba el código para detectar cualquier vulnerabilidad, y encontrar una manera de corregirla para evitar cualquier ataque. El equipo que realiza esta prueba escribe un informe que revela los defectos, para que el equipo de desarrollo pueda solucionarlos lo antes posible.

Pruebas de Penetración Física

Muchas organizaciones tienen dispositivos físicos en su propiedad, y deben asegurarse de que solo personal autorizado pueda acceder a los dispositivos almacenados. Más aún en instalaciones gubernamentales y militares. Todos los dispositivos relacionados con la red y puntos de entrada físicos son probados en busca de cualquier vulnerabilidad. Esta prueba no es muy relevante para las pruebas de software como tal.

Pruebas de Firmware de Red

Las redes son la parte más importante de la infraestructura digital de una organización. Por lo tanto, se realizan pruebas en todos los puntos de entrada de una red, y dichas pruebas verifican el tráfico que entra y sale del punto. Esta prueba puede ser realizada tanto de forma local como remota.

Pruebas del Lado del Cliente

Durante estas pruebas, la organización prueba el software en la infraestructura del cliente para identificar cualquier vulnerabilidad en el sistema.

Pruebas de Red Inalámbrica

Como el nombre sugiere, esta prueba escaneará todos los puntos de acceso Wi-Fi en una organización en busca de vulnerabilidades.

El Ciclo de Vida de las Pruebas de Penetración

La organización sigue un proceso disciplinado cuando realiza una prueba de penetración. Aquí está el proceso:

Recopilación de Datos

La primera etapa del ciclo de vida de una prueba de penetración es la recolección de datos. Los evaluadores de intrusión usan diversos métodos para recolectar información en el sistema objetivo. Los métodos pueden utilizar una herramienta o aplicación simple o compleja para recolectar los datos. Los evaluadores de intrusión también pueden inspeccionar el código fuente del sitio web para recopilar datos acerca del sistema. En pocas palabras, cualquier información del sistema objetivo disponible públicamente es útil y documentada. Existen varias herramientas pagadas y gratuitas disponibles que la organización puede usar para recopilar información acerca del sistema objetivo.

Evaluación de Vulnerabilidad

Los datos recopilados en la primera etapa son analizados y utilizados para identificar las debilidades del sistema objetivo. Los evaluadores de intrusión ahora atacan superficies de ataque específicas para identificar cualquier vulnerabilidad. Pueden realizar estas pruebas mediante ensayo y error.

Explotación

Basándose en la información recolectada durante la primera y segunda etapa, los hackers pueden usar diferentes herramientas para acceder al sistema y explotarlo. El exploit puede ser de cualquier tipo. Un evaluador de intrusión puede robar, modificar o destruir datos. Dado que esta es una prueba ética, los datos usualmente nunca son destruidos, ya que las pruebas son hechas ante servidores de producción.

Mantención de Acceso

La siguiente etapa consiste en mantener el acceso. Un hacker no explota un sistema repetidamente, ya que puede activar la alarma. Por lo tanto, generalmente acceden al sistema o red una vez, y luego implementan herramientas para mantener su conexión con el sistema objetivo. Un evaluador de intrusión necesita cubrir esta posibilidad y emular las diferentes formas en las que un atacante puede mantener el acceso al sistema para poder reparar esas lagunas.

Informar

La etapa final del ciclo de vida de la prueba de penetración consiste en informar. Se deben crear informes extensos y detallados sobre las pruebas realizadas, las vulnerabilidades encontradas, y los pasos que la organización puede tomar para reparar esas vulnerabilidades. El equipo debe presentar el informe a la alta dirección de la empresa, describiendo las pruebas y evaluaciones realizadas. Este informe puede ayudar a la dirección a comprender la prioridad de la seguridad de la infraestructura, e invertir el tiempo, esfuerzo y dinero necesarios para proteger la empresa contra un ataque real.

Para concluir, las pruebas de seguridad son una parte obligatoria del ciclo de vida de la entrega de software, y las organizaciones nunca deben descuidar este proceso. Cuesta un poco, pero definitivamente ayuda a la empresa a proteger sus activos ante ciberdelitos de alto nivel.

Capítulo Diez: Habilidades Necesarias para una Carrera en Ciberseguridad

Se está acercando al final de este libro, y hasta ahora, ha aprendido mucho sobre ciberseguridad. Entonces, ¿qué sigue? Es bueno tener todo este conocimiento, pero ¿qué debería hacer si quisiera utilizarlo? Este capítulo analiza las carreras disponibles en ciberseguridad, y las habilidades que necesita desarrollar para seguir dicha carrera. La clasificación de los roles en este capítulo lo ayudará a decidir en qué área le gustaría trabajar.

Una carrera en ciberseguridad no es un lecho de rosas; puede ser estresante. Sin embargo, tiene sus recompensas. Los profesionales de la ciberseguridad se encuentran en diferentes roles por toda la organización, pero su objetivo sigue siendo el mismo. Deben desarrollar métodos y herramientas para proteger los datos de la organización de cualquier ataque.

El proceso de conseguir un rol de ciberseguridad en la industria no siempre es sencillo. Algunas personas se lanzan a este campo inmediatamente luego de salir de la universidad, mientras que otros prefieren obtener algo de experiencia en ingeniería de software antes de elegir pasar a un puesto más enfocado en la seguridad.

Aquí hay algunas opciones de carreras disponibles en el campo de la ciberseguridad según la experiencia del candidato.

Roles de Nivel Inicial

- Administrador de Sistemas
- Ingeniero de Sistemas
- Desarrollador Web
- Técnico de TI
- Ingeniero de Redes
- Especialista en Seguridad

Roles de Nivel Medio

- Analista de Seguridad
- Técnico de Seguridad
- Analista de Incidentes
- Consultor de Ciberseguridad
- Auditor de TI
- Evaluador de Intrusión

Roles de Nivel Superior

- Arquitecto de Ciberseguridad
- Gerente de Ciberseguridad
- Ingeniero de Ciberseguridad
- Director de Seguridad de la Información

Cuatro Carreras Populares en Ciberseguridad y Cómo Llegar a Ellas

Arquitecto de Seguridad

Si le gusta resolver problemas y desarrollar estrategias para evitar los mismos problemas, considere el rol de arquitecto de seguridad.

Un arquitecto de seguridad es responsable de diseñar, desarrollar e implementar la seguridad para los sistemas y redes de una organización. Son capaces de desarrollar estructuras de seguridad complejas y eficientes. Las estructuras de seguridad pueden prevenir cualquier malware, DDoS y otros ataques.

El salario promedio de un arquitecto de seguridad en los EE. UU. es alrededor de 120.000 dólares por año. Los arquitectos de seguridad deben tener al menos cinco años de experiencia en la industria de TI, y de tres a cinco años en seguridad.

Siga el camino que se indica a continuación si desea seguir una carrera como arquitecto de seguridad:

- Obtenga un título en tecnología de la información, ciencias de la computación o cualquier otro campo relevante. Alternativamente, puede obtener certificaciones equivalentes a nivel industrial.

- Ingrese a la industria como administrador de sistemas, administrador de seguridad o administrador de red.

- Trabaje en la misma organización por un tiempo, y ascienda en la organización hasta que alcance el nivel de ingeniero de seguridad.

- En este punto, puede cambiar a un rol de arquitecto de seguridad.

Las responsabilidades de un arquitecto de seguridad son las siguientes:

- Investigar sobre las tendencias actuales de ataques y diseñar la arquitectura de seguridad para todos los proyectos de TI de la empresa.

- Proveer el requisito de redes y dispositivos de redes a la administración.

- Realizar pruebas de seguridad, como análisis de riesgos y pruebas de vulnerabilidad.

- Investigar sobre los últimos estándares en seguridad e implementarlos en la organización.

Formación

El rol de un arquitecto de seguridad es de alto nivel, y, por lo tanto, los gerentes de reclutamiento buscan certificaciones específicas cuando contratan a cualquier candidato. Las certificaciones a nivel industrial en ciberseguridad le dan a su perfil una ventaja sobre sus competidores. Primero puede obtener un certificado CompTIA Security+, y luego proceder a la certificación Certified Ethical Hacker (CEH).

Para pasar a los niveles avanzado y experto, puede conseguir una certificación de Analista de Seguridad Certificado EC-Council (ECSA), y acreditarse como Profesional Certificado de la Seguridad de Sistemas de la Información (CISSP).

Consultor de Seguridad

Un consultor de seguridad, también conocido como experto en ciberseguridad, sabe todo lo que se debe saber acerca de la ciberseguridad. Analizan riesgos y problemas y brindan soluciones adecuadas a otras organizaciones para proteger su infraestructura y sus datos. Algunas organizaciones utilizan un nombre diferente para este rol. Algunos términos usados comúnmente son consultor de seguridad, consultor de seguridad de red, o consultor de seguridad de base de datos.

Se espera que un consultor de seguridad sea versátil y capaz de responder cualquier consulta relacionada con la seguridad. El rango salarial depende de la experiencia, pero un consultor de seguridad de alto nivel puede ganar hasta 106.000 dólares por año en EE. UU. La mayoría de las organizaciones prefieren contratar consultores con al menos tres a cinco años de experiencia.

Puede seguir el camino descrito a continuación para convertirse en consultor de seguridad:

- Obtenga un título en tecnología de la información, ciencias de la computación, ciberseguridad o cualquier otro campo relevante. Alternativamente, puede obtener las certificaciones equivalentes a nivel de la industria.

- Ingrese a la industria a través de un rol general de TI.

- Continúe trabajando en la misma organización y ascienda por la escalera hasta alcanzar un rol de administrador, auditor o analista de seguridad.

- Obtenga algunas certificaciones a nivel de la industria y mejore sus habilidades.

- Intente pasar a un rol de consultor de seguridad.

Las tareas diarias de un consultor de seguridad son las siguientes:

- Determinar maneras de proteger los sistemas, redes y datos de los ataques.

- Realizar evaluaciones de seguridad y pruebas de vulnerabilidad.

- Comunicarse con el personal y los empleados para comprender los problemas de seguridad.

- Usar soluciones estándar de la industria para probar la seguridad.

- Supervisar y guiar al equipo de seguridad de la organización.

Formación

Puede comenzar con la certificación CompTIA Security+, y luego seguir con la acreditación Certified Ethical Hacker (CEH). También necesita obtener la certificación de Analista de Ciberseguridad (CySA+).

Entre las certificaciones avanzadas se encuentran las de Auditor Certificado de Sistemas de Información (CISA), Analista de Seguridad Certificado EC-Council (ECSA), y Gerente Certificado de Seguridad de la Información (CISM). Para llegar al nivel experto, puede acreditarse como Profesional Certificado de la Seguridad de Sistemas de la Información (CISSP).

Hacker Ético/Evaluador de Intrusión

Los evaluadores de intrusión, también conocidos como hackers éticos, entienden cómo piensa un atacante, y usan ese entendimiento para simular diferentes ataques a los sistemas y redes de una organización para evitar cualquier ataque malicioso. Realizan este ataque solo con el consentimiento de la administración, identificando los puntos débiles antes de que un atacante pueda explotarlos. Esto ayuda a la empresa a proteger sus datos confidenciales y críticos, tanto cuando se encuentran almacenados como cuando están en tránsito.

El salario promedio de un evaluador de intrusión en EE. UU. es de 80.000 dólares por año.

Si quiere convertirse en un evaluador de intrusión, siga la trayectoria profesional descrita a continuación:

- Obtenga un título en tecnología de la información, ciencias de la computación, ciberseguridad o cualquier otro campo relevante. Alternativamente, puede obtener las certificaciones equivalentes a nivel de la industria.

- Ingrese a la industria como administrador de sistemas, administrador de seguridad, o administrador de redes.

- Obtenga algunas certificaciones a nivel de la industria y mejore sus habilidades.

- Continúe trabajando en la organización hasta que logre ascender dentro de la organización, y obtenga un puesto senior de evaluador de intrusión, arquitecto de seguridad o consultor de seguridad.

Los deberes de un evaluador de intrusión son los siguientes.

- Realizar pruebas de penetración en aplicaciones, sistemas y redes.

- Analizar las debilidades para determinar los métodos que un atacante podría usar para explotar el sistema.

- Discutir y documentar los hallazgos con los equipos de TI.

- Diseñar e implementar nuevas herramientas para pruebas de penetración para mantenerse al día con los ataques modernos.

Formación

Comience con la certificación CompTIA Security+ y siga con la acreditación Certified Ethical Hacker (CEH). En un nivel avanzado, puede obtener la acreditación Profesional de Seguridad Avanzado CompTIA (CASP) y Analista de Seguridad Certificado EC-Council (ECSA). Para convertirse en un experto, puede acreditarse como Profesional Certificado de la Seguridad de Sistemas de la Información (CISSP).

Director de Seguridad de la Información (CISO)

El perfil del Director de Seguridad de la Información es un perfil de alto nivel en el campo de la ciberseguridad. Es un trabajo muy respetado y gratificante, e incluye mucho poder y libertad en cuanto a la creatividad. El Director de Seguridad de la Información es responsable de formar un equipo de seguridad y mantener una visión macroscópica de la seguridad de la organización. El CISO informará al CEO de la organización.

El salario promedio de un CISO es alrededor de 160.000 dólares en EE. UU. Debe tener al menos siete a diez años de experiencia en el campo de la ciberseguridad, y cinco de ellos deben incluir la administración de equipos de seguridad.

Puede alcanzar el nivel profesional de un CISO haciendo lo siguiente:

- Obtenga una licenciatura en tecnología de la información, ciencias de la computación, ciberseguridad, o cualquier otro campo relevante. Alternativamente, puede obtener las certificaciones equivalentes a nivel de la industria.

- Ingrese a la industria como analista o programador.

- Continúe trabajando en la organización hasta que ascienda en la escala para convertirse en un ingeniero, auditor, consultor o analista de seguridad.

- Obtenga algunas certificaciones a nivel de la industria y mejore sus habilidades.

- Intente convertirse en gerente de un equipo que se encargue de la seguridad.

- Obtenga un título de MBA con un enfoque en TI.

- Obtenga un ascenso al puesto de Director de Seguridad de la Información (CISO).

Será el jefe del equipo de TI, y sus responsabilidades serán las siguientes:

- Realizar la última ronda de entrevistas para contar con el mejor equipo de expertos en seguridad de TI.

- Crear nuevos planes para la implementación de proyectos de seguridad y trabajar en mejorar los métodos existentes.

- Analizar y aprobar el diseño y el desarrollo de políticas de seguridad propuestas por los equipos de TI y seguridad.

- Establecer programas de gestión de riesgos colaborando con otros líderes de la organización.

- En caso de una brecha, el CISO debe hacerse cargo de los equipos de seguridad y proponer un plan de acción para reparar y evitar la brecha en el futuro.

Formación

Cuando comience su viaje en la industria de la seguridad de la información, debe acreditarse como Auditor Certificado de Sistemas de Información (CISA). En el nivel avanzado, debe acreditarse como Gerente Certificado de Seguridad de la Información (CISM), conviértase en un experto acreditándose como Profesional Certificado de la Seguridad de Sistemas de la Información (CISSP).

Conjunto de Habilidades Necesarias para una Carrera en Ciberseguridad

Estas son algunas de las habilidades que buscan los reclutadores cuando contratan personas para la industria de la ciberseguridad.

Habilidades Blandas

Liderazgo

Un experto en seguridad dirige a su equipo a través de su ética, credibilidad y capacidad de respuesta. Con increíbles habilidades de comunicación, un experto de seguridad puede ganarse la confianza y el respeto de la alta dirección. También es importante comprender los riesgos internos y externos de la organización. Los líderes de seguridad presentan toda la información clave a la gerencia, e impulsan la empresa a través de decisiones informadas.

Siempre Aprendiendo

Un experto en seguridad debe mantenerse al día con las últimas tendencias en ataques y soluciones para estos ataques. Una aptitud para el aprendizaje resulta útil para su crecimiento personal y profesional. La seguridad siempre está evolucionando en la industria de TI, y requiere alguien que aprenda rápido y pueda mantenerse al día.

Determinación

El panorama de los entornos de amenazas siempre está cambiando, y esto desmotiva fácilmente a algunos expertos en seguridad. Si no sabe cómo afrontar un ataque, no se rinda. Persevere y encuentre una manera de resolver el problema. La determinación y la persistencia siempre le ayudan a resolver el problema. Un experto ideal en seguridad siempre trabaja en identificar una solución para cualquier problema hasta el final, y no se rinde a mitad de camino.

Colaboración

Debe comprender que la ciberseguridad es una responsabilidad compartida de las empresas. Hay múltiples equipos involucrados, como desarrolladores de aplicaciones, ingenieros de redes, administradores de servidores, gestión y más. Debe asegurarse de colaborar con todos los equipos de la organización y respetar sus aportes, ya que todos los aportes pueden ser útiles. Además, cuando se relaciona con las partes interesadas, pueden explicar la importancia y la necesidad de la seguridad. Asegúrese de que ningún departamento en la organización ignore la seguridad.

Analítico y Perspicaz

Un experto en seguridad habilidoso es bueno analizando los ataques entrantes, y puede evaluar cómo repelerlos. Entienden mejor las superficies de ataque y sus vulnerabilidades para minimizar los ataques en el futuro. Puede llevar algunos años desarrollar este conjunto de habilidades, y a veces, también es una intuición que ayuda a algunas personas.

Proceso de Pensamiento Hipercrítico

Un experto en seguridad habilidoso sabe cómo piensa el atacante. Esto les ayuda a visualizar cómo el atacante puede planificar y ejecutar el ataque. Por lo tanto, saben cómo pensar como el atacante, y realizan pruebas de penetración para identificar vulnerabilidades en el sistema antes de que el atacante las utilice para explotar el sistema y la red.

Accesible

Un experto en seguridad debe comunicarse constantemente con otros equipos. A veces, es posible que otros equipos incluso deseen consultar al experto en seguridad antes de realizar cambios en las políticas o el código de la red. Por lo tanto, debe ser accesible para que otros líderes y miembros del equipo puedan consultarlo. El esfuerzo combinado ayuda a la empresa a fortalecer sus políticas de red y seguridad.

Director de Proyecto

Dado que usted es un líder en ciberseguridad, trabaja día tras día para proteger su organización de los ataques. Debe desarrollar soluciones holísticas en lugar de implementar una solución para cada módulo de ataque.

Habilidades Técnicas

Gestión y Respuesta a Incidentes

Como experto en seguridad, se espera que maneje cualquier amenaza que viole la seguridad de la organización en tiempo real. Puede haber un incidente que involucre malware, phishing, ransomware, etc., y es fundamental que pueda manejar la situación, resolverla y evitar que vuelva a suceder.

Gestión SIEM

SIEM son las siglas en inglés de Información sobre la Seguridad y Gestión de Eventos. Hay herramientas y servicios que son parte de SIEM, y se espera que un experto en seguridad esté bien versado en ellos. Debe aprender a automatizar los procedimientos de seguridad usando herramientas SIEM, para que la organización convierta las alertas en tiempo real en planes de respuesta para evitar el efecto.

Firewall

Un experto en seguridad debe conocer a fondo los pormenores de la configuración del firewall para que sea más fácil filtrar el tráfico malicioso de la red. Además, deben estar muy bien informados acerca de la detección de intrusiones y los sistemas de prevención de intrusiones, y cómo podrían usarse en combinación con el firewall.

Detección de Intrusiones

Se espera que conozca a fondo el funcionamiento del sistema de detección de intrusos, para que pueda aprovecharlo contra cualquier ataque.

Seguridad de la Aplicación

Un buen experto en seguridad puede encontrar lagunas en la aplicación y repararlas antes de que se produzca el ataque. También es una buena práctica probar las aplicaciones durante el ciclo de vida de desarrollo del software para identificar cualquier vulnerabilidad, y solucionarla antes de liberar la aplicación en producción.

Prevención de Malware

Un buen experto en seguridad puede identificar amenazas persistentes avanzadas que pueden eludir las soluciones de seguridad tradicionales, como firewalls, antivirus, etc.

Gestión de Dispositivos Móviles

Un experto en seguridad debe trabajar con el equipo de TI para explicar cómo los hackers pueden explotar dispositivos móviles como teléfonos inteligentes, computadoras portátiles, tabletas, etc., para irrumpir en el sistema. Deben discutir más a fondo cómo proteger esos dispositivos para evitar una brecha de seguridad.

Gestión de Datos

Los datos son el activo más caro para cualquier empresa, y un experto en seguridad debe gestionarlos y protegerlos a toda costa.

Análisis Forense Digital

Un experto en seguridad debe saber sobre análisis forense digital, y aprovechar las herramientas forenses para encontrar anomalías en los datos o la red, que pueden ser una puerta trasera para un atacante. Posteriormente, deben reparar los datos o la red en caso de que se encuentre cualquier anomalía.

Gestión de Identidad/Acceso

A través de la administración de identidades y accesos, la organización crea roles, clasifica a los usuarios en grupos, y luego les asigna roles. El equipo de TI define estos roles junto con la administración, y se espera que un experto en seguridad audite los niveles de acceso otorgados a los usuarios y grupos de la organización con regularidad.

Inteligencia y Analítica

Un experto en seguridad debe saber cómo utilizar la analítica para entender patrones de ataque históricos y aprender cómo predecir ataques futuros y estar preparado para ellos. Los informes sugieren que aprovechar la analítica para combinar datos de red y de aplicaciones, puede ayudar a prevenir ataques.

Auditoría y Cumplimiento

Mientras se protegen los sistemas y las redes, un experto en seguridad debe asegurarse de que la organización cumpla con todas las normativas, como PCI DSS, SOC, GDPR, HIPAA, PCAOB, SOX, etc. Las auditorías de cumplimiento y seguridad son fundamentales, ya que la inobservancia del cumplimiento regulatorio puede resultar en enormes sanciones y multas por parte del gobierno.

Conclusión

Los delitos cibernéticos ocurren cada segundo en Internet. Los cibercriminales están constantemente planificando delitos, independientemente si es por ganancias monetarias o para alterar la paz del mundo digital. Por lo tanto, la ciberseguridad hoy es más relevante que nunca. Las empresas deben protegerse de varios tipos de ataques que los hackers pueden lanzar en sus sistemas y redes. Es de esperar que, al completar este libro, usted tenga suficiente conocimiento para protegerse a usted mismo y a su empresa de los cibercrímenes actuales.

Al mismo tiempo, este libro podría haberlo inspirado a emprender una carrera en ciberseguridad. La demanda por profesionales de la ciberseguridad ha aumentado en los últimos años, dado que la cantidad y los tipos de cibercrímenes han aumentado significativamente. Para los reclutadores de todas las industrias es muy difícil encontrar el talento adecuado para este trabajo, y esto le brinda a cualquier persona con las habilidades y calificaciones adecuadas una enorme oportunidad. También existe un sentido de urgencia para ocupar esos puestos, ya que los cibercriminales constantemente planean nuevos ataques y nunca se toman vacaciones.

Este libro lo ha llevado por todo lo que debe saber como principiante en el ámbito de la ciberseguridad, y cómo comenzar a planificar si desea tomarlo como una carrera. También ha aprendido lo suficiente para mantenerse protegido en Internet.

Referencias

https://www.forcepoint.com/cyber-edu/cybersecurity

https://www.cisco.com/c/en/us/products/security/what-is-cybersecurity.html#~how-cybersecurity-works

https://www.cybintsolutions.com/20-cyber-security-terms-that-you-should-know/

https://list25.com/25-biggest-cyber-attacks-in-history/

https://www.varonis.com/blog/cybersecurity-careers/

https://www.newhorizons.com/article/4-cybersecurity-career-paths-and-the-training-to-get-you-there

https://cipher.com/blog/the-must-have-skill-sets-certifications-for-cyber-security-careers/

https://www.integrity360.com/cyber-security-testing

https://www.softwaretestinghelp.com/penetration-testing-guide/

https://www.netsparker.com/blog/web-security/getting-started-web-application-security/

https://www.zdnet.com/paid-content/article/protecting-your-mobiles-from-a-rise-in-cybersecurity-attacks/

https://www.businessnewsdaily.com/11197-protect-your-smartphone-from-hackers.html

https://www.forcepoint.com/cyber-edu/network-security

https://www.coxblue.com/how-to-protect-your-business-from-cyber-attacks-2/

https://www.tetradefense.com/cyber-risk-management/13-ways-to-protect-your-business-from-a-cyber-attack-in-2019/

https://security.berkeley.edu/resources/best-practices-how-to-articles/top-10-secure-computing-tips